EL *amor* DEFINIDO POR DIOS

I0806588

Libros de Kristen Clark y Bethany Beal publicados por Portavoz:

El amor definido por Dios
La sexualidad definida por Dios
Una chica definida por Dios

"Bethany y Kristen han hecho un trabajo maravilloso para ayudarte a encontrar el 'verdadero norte' en tu búsqueda de las citas amorosas y el amor. Si alguna vez deseaste que una hermana mayor sabia te enseñara a manejar las relaciones, ¡este libro te presenta a dos de ellas! Su consejo es práctico, está basado en la verdad y te mostrará el corazón de Dios para el noviazgo y la sexualidad".

Dra. Juli Slattery, cofundadora de Authentic Intimacy
y autora de *El sexo y la chica soltera*

"En *El amor definido por Dios*, Kristen y Bethany cuestionan la manera en que la mayoría de las jóvenes manejan las relaciones. Sus ideas son radicales y contraculturales. Si eres una joven que busca un verdadero noviazgo a la manera de Dios, ¡no puedes permitirte pasar por alto este libro!".

Mary A. Kassian, autora de *Chicas sabias en un mundo salvaje*

"Kristen y Bethany son nuevas voces llenas de verdad y sabiduría sobre el tema del amor, las citas amorosas y el sexo. Me complace inmensamente ver a estas dos hermanas presentar juntas la voluntad de Dios para las relaciones. Te devorarás *El amor definido por Dios*, te reirás a carcajadas y, sobre todo, definirás el amor real y duradero para ti. La verdad es que no estamos solas en este proceso. Dios está aquí con nosotras, nos revela su Palabra y nos esclarece estos temas cuando Él está en el centro de nuestra vida".

Jennifer Strickland, fundadora de URMore.org;
conferencista; autora de *Mentiras atractivas*

"Estoy muy impresionado por la cruda sinceridad, el profundo cuidado y la sabiduría bíblica que se encuentran en este libro. Si buscas un amor verdadero, no sigas adelante sin esta guía. Si una relación te ha lastimado, este libro te ayudará a sanar tus heridas. Ya sea que tengas trece o treinta y un años, este libro está lleno de sabiduría para ti. Escucha a Kristen y a Bethany, que te plantarán junto a corrientes de aguas para que te refresques con el verdadero diseño de Dios para el amor".

Sean Perron, director de operaciones de la Asociación de
Consejeros Bíblicos Certificados; autor de *Letters to a Romantic: On Dating* y *Letters to a Romantic: On Engagement*

"En la cultura de las citas amorosas de hoy abundan los encuentros sexuales y los corazones rotos, con jóvenes atrapadas en un círculo vicioso de apasionamiento lleno de esperanza y desilusión fulminante. Con el matrimonio en declive y la tasa de divorcios en aumento, es evidente que los métodos modernos para las citas amorosas no están funcionando. Creo que Dios tiene un camino más glorioso para sus hijas, un camino más inteligente que conduce a un futuro más sólido. La verdad práctica y esperanzadora que se encuentra en *El amor definido por Dios* muestra a las mujeres una perspectiva bíblica para encontrar el amor verdadero y establecer relaciones duraderas. ¡No puedo dejar de insistir que este libro es de lectura obligada para todas las jóvenes!".

—**Marian Jordan Ellis**, autora de *Stand* y *Sex and the Single Christian Girl*

"La antigua sabiduría de la Palabra de Dios nunca ha sido más oportuna, y la sabiduría madura de mujeres mayores nunca ha sido más necesaria que en este tiempo de confusión en torno a la sexualidad y las relaciones. Alabado sea Dios por la sinceridad y la gracia de Kristen y Bethany en esta guía práctica y de fácil lectura sobre el noviazgo y el matrimonio. Oro para que la exhortación de estas hermanas motive a muchísimas jóvenes cristianas a vivir en obediencia y piedad".

—**Candice Watters**, autora de *Get Married*

"Este es un libro que quisiera regalar a todas las jóvenes de mi generación. En una cultura que define el amor de una manera irremediablemente superficial y (a la postre) destructiva, Kristen y Bethany presentan una mejor definición. Nos muestran la Palabra de Dios con una humildad, sinceridad, gracia y transparencia inclaudicables. Este libro te dará dos nuevas amigas y mentoras fieles. Mi oración es que imites a Bethany y a Kristen como ellas imitan a Cristo".

—**Jaquelle Crowe**, autora de *Esto lo cambia todo*

"Nuestro concepto de amor necesita un cambio de fondo. Mis amigas Kristen y Bethany (fundadoras de GirlDefined Ministries) son las jóvenes indicadas para hacerlo. *El amor definido por Dios* no es solo otro libro más sobre noviazgo. Es una invitación a mirar más allá del cuento de hadas y a concentrarse en algo mejor. En un estilo que te hace sentir como si estuvieras tomando un café con una gran amiga, Kristen y Bethany te invitan a ver el amor a través de la lente del evangelio. Mientras ellas sostienen en alto la bandera del amor real y duradero, tu corazón se fortalecerá y tu concepto sobre el amor cambiará".

—**Erin Davis**, escritora, bloguera y fanática de *GirlDefined*

EL *amor* DEFINIDO POR DIOS

EL DISEÑO RADICAL DE DIOS PARA LAS RELACIONES DURADERAS

KRISTEN CLARK
y BETHANY BEAL

EDITORIAL PORTAVOZ

La misión de *Editorial Portavoz* consiste en proporcionar productos de calidad —con integridad y excelencia—, desde una perspectiva bíblica y confiable, que animen a las personas a conocer y servir a Jesucristo.

Traducción: Rosa Pugliese

Las cursivas en las citas bíblicas son énfasis de las autoras.

EDITORIAL PORTAVOZ
2450 Oak Industrial Drive NE
Grand Rapids, Michigan 49505 USA
Visítenos en: www.portavoz.com

ISBN 978-0-8254-5931-3 (rústica)
ISBN 978-0-8254-6843-8 (Kindle)
ISBN 978-0-8254-7677-8 (epub)

1 2 3 4 5 edición / año 29 28 27 26 25 24 23 22 21 20

Impreso en los Estados Unidos de América
Printed in the United States of America

A nuestros increíbles padres, Mike y Heidi.
Su dedicación a nuestras vidas
nos ha convertido en las mujeres que somos hoy.
¡Los amamos!
Kristen y Bethany

A mi esposo, Zack. Gracias por mostrarme la belleza
y el poder del amor centrado en Cristo.
Kristen

Contenido

PARTE 1: FELICES HASTA QUE LA RELACIÓN FRACASE

1. Amor, eres tan complicado 13
2. Detrás de la fachada del cuento de hadas 24
3. El método del carrusel para las relaciones modernas 36

PARTE 2: VOLVAMOS AL VERDADERO AMOR

4. De los flechazos de niñas pequeñas a las relaciones de niñas grandes 53
5. El punto central del amor, el matrimonio y el sexo 67
6. Lleva tu feminidad a tu vida amorosa 89
7. El método eterno de Dios para las relaciones duraderas 102

PARTE 3: SOLTERA Y CON APURO

8. Cuando el deseo de tu corazón no se cumple 121
9. Cinco estrategias para florecer como soltera 133

PARTE 4: VAYAMOS AL FONDO DEL ASUNTO

10. Cómo ser "solo amigos" con los varones 145
11. ¿Está bien salir con alguien no cristiano? 156
12. Cualidades para buscar en un futuro esposo 164
13. Qué hacer cuando él te expresa interés 174
14. Un noviazgo sin remordimientos 189
15. Diez señales de alerta en una relación 206
16. ¿Cómo sé si él es "el hombre indicado"? 215

PARTE 5: UNA BUENA VIDA DE ESTE LADO DEL ALTAR

17. Lo que las mujeres casadas quieren que sepas 231
18. Una historia de amor por la que vale la pena luchar 247

Apéndice A 257

Apéndice B 263

Pasajes bíblicos 267

Reconocimientos 269

PARTE 1

Felices hasta que la relación fracase

1. AMOR, ERES TAN COMPLICADO

El reloj marcaba las 4:21 de la tarde. En exactamente nueve minutos, mi vida cambiaría para siempre. Ese era el día que yo (Kristen) había soñado durante veinticuatro años. De pie en la suite nupcial, me acomodé suavemente el velo, que me llegaba hasta los pies, y el vestido de novia blanco. Hasta ese momento, el día había sido de locos. Preparativos de último momento en el recinto de la celebración. Planchar mi vestido de novia. Aplicarme el rímel a prueba de agua. Tratar de que mi cabello lacio permanezca rizado. ¡Ah! y ayudar a una dama de honor que se había quemado la parte delantera de su vestido con la plancha. El día avanzaba en cámara rápida. Cada minuto pasaba vertiginosamente como un abrir y cerrar de ojos.

Hasta ese momento.

Las damas de honor estaban fuera de la habitación. Las madres estaban sentadas. Mi papá estaba esperando nervioso fuera de la puerta de la suite nupcial. Por primera vez en todo el día, la habitación se quedó en silencio. Todos se habían ido excepto una persona... Bethany. Esta joven era mi mejor amiga. Mi dama de honor. Mi compañera de aventuras durante las últimas dos décadas. Mi hermana.

Paradas una frente a la otra, nos sumergimos en el silencio de ese momento mientras el tiempo se detenía. Y luego, sin previo aviso, Bethany hizo lo impensable. Con mi maquillaje recién terminado y el polvo de retoque fuera de alcance, estalló en llanto. Y eso bastó para que yo me pusiera también a llorar. Ambas nos quedamos allí llorando y riendo.

—¡No puedo creer que me estés haciendo llorar justo antes de dirigirme al altar! —le dije entre risas.

Mientras buscaba unos pañuelos, se rio entre lágrimas y dijo:

—Lo siento... De pronto caí en la cuenta de la realidad. No puedo creer que estés a punto de casarte. Nada volverá a ser igual.

—Lo sé —respondí mientras me secaba las mejillas—. Parece mentira. Sinceramente, pensé que este día nunca llegaría. Y ahora aquí estamos.

—Y no es mentira —respondió Bethany—. Realmente, te vas a casar. . . con un joven increíble. ¡Supongo que eso significa que hay esperanza para el resto de las jóvenes solteras!

Paradas una frente a la otra, nos sumergimos en el silencio de ese momento mientras el tiempo se detenía.

Bethany puso su mano sobre mi hombro, sonrió cálidamente y me dijo:

—En serio, Kristen. Estoy realmente emocionada por ti. Este es un día maravilloso. Dios es muy bueno, y Zack es perfecto para ti.

—Está bien, no me hagas llorar de nuevo —le dije mientras me abanicaba los ojos.

Ese momento especial, cuando nos fundimos en un prolongado abrazo de hermanas, fue algo que ninguna de nosotras olvidará jamás.

Y en ese momento nuestro padre llamó a la puerta y dijo: “Ya tenemos que ir, hijas”.

Pero primero, me rompieron el corazón

A pesar de que el día de mi boda fue tan hermoso y romántico, mi experiencia relacional no siempre fue de película. Cuatro años y medio antes que Zack y yo nos casáramos, pasé por una de las rupturas más difíciles de mi vida.

—Mira, no deberías enterarte de esto, ¡pero Ryan está comprando anillos! —me dijo Bethany en un susurro emocionado.

—¿Qué? —pregunté con los ojos bien abiertos—. ¿En serio? ¿Cómo...?

—No puedo decirte más —respondió Bethany—. Solo asegúrate de mantener tus uñas arregladas durante las próximas semanas.

Me sorprendió la noticia, pero no demasiado. Ryan y yo nos habíamos estado conociendo de manera seria durante seis meses. En lo profundo de mi corazón, realmente creía que él era el hombre indicado. De manera que, *¿así es el verdadero amor?*

Mis padres y mis hermanas (bueno, casi todas) amaban a Ryan. Y a pesar de que proveníamos de un trasfondo familiar diferente, teníamos muchos intereses en común. Y, a pesar de que nuestra relación había atravesado por algunos altibajos, parecía que avanzábamos. Él amaba a Jesús, y yo también. Nos llevábamos muy bien. Disfrutábamos de la compañía del otro. ¿Qué más podíamos pedir?

A los veinte años, pensé que me iba bastante bien en el amor. *¡Qué maravilloso sería casarse ahora y evitar el drama de la vida de soltera!* —pensé. Segura de haber encontrado al hombre indicado, creí que una pequeña investigación de bodas sería inofensiva. Con la cabeza en las nubes, encendí mi computadora y comencé a buscar vestidos de novia. Poco sabía que en una semana exacta estaría volando en un avión con el corazón destrozado.

Los días siguientes resultaron ser unos de los más difíciles de *toda* mi vida. El mundo de mis sueños se derrumbó ante mis ojos. Aunque mi relación con Ryan se veía genial por fuera, estaba llena de señales de advertencia. Él y yo nos habíamos convencido de que éramos "perfectos" el uno para el otro, pero no. En realidad, no lo éramos.

Mi pasión por Ryan me había cegado a los inconvenientes y problemas de nuestra relación. Y, por desgracia, el pasado escabroso de Ryan no había quedado completamente atrás.

A los veinte años, pensé que me iba bastante bien en el amor.

Después de una larga conversación con mis padres, mis temores fueron confirmados. Casarse con Ryan sería una decisión por demás imprudente. Cuando comprendí esta realidad, estallé en llanto. Lloré toda la noche. Lloré todo el día siguiente. Bethany y yo lloramos juntas. Fue terriblemente duro.

Después que Ryan y yo nos separamos, estaba desesperada por escaparme por un tiempo. Necesitaba tiempo para pensar, orar, respirar. Me subí a un avión con Bethany para visitar a nuestros abuelos en Chicago. Cuando el avión despegó temprano a la mañana siguiente, me pregunté sinceramente si alguna vez podría volver a amar.

Me ama, no me ama

Un año después de la ruptura de Kristen y Ryan, yo (Bethany) conocí a un joven increíble llamado Justin. Me estaba enamorando de ese muchacho. La química fue instantánea. Era divertido, alto, guapo, de buen carácter y amaba a Jesús. ¿Qué más puede pedir una joven?

Justin y yo nos conocimos a través de algunos amigos en común. Su personalidad era todo lo que había imaginado en un futuro esposo. Nuestro interés mutuo crecía y era cada vez más obvio para todos a nuestro alrededor.

Con mis padres al tanto y contentos con nuestra relación, Justin y yo comenzamos a conocernos más formalmente. Como una joven de diecinueve años, no podía creer el rumbo que estaba tomando mi vida. Siempre quise casarme joven. Y con Justin varios años mayor que yo, parecía la historia de amor perfecta. Mi cabeza estaba en las nubes, y mi corazón en llamas.

Tras varios meses más de conocer a Justin, me convencí de que *él era el hombre indicado. Era el hombre perfecto.*

Hasta ese momento, nunca había tenido una relación seria en mi vida. ¿Flechazos? Sí. Muchos, pero nunca una relación real como esta. Nunca había conocido a un joven como Justin. Nunca había sido amiga de un joven con el que realmente quería casarme. Hasta ese momento. Justin lo cambió todo.

Mi cabeza estaba en las nubes, y mi corazón en llamas.

Durante las siguientes semanas, las cosas se siguieron intensificando. Justin comenzó a reunirse con mi papá para tener algunas buenas conversaciones de hombre a hombre. Aunque Justin era un cristiano bastante nuevo, estaba ansioso por crecer en su relación con Dios. Me encantó su pasión por la teología. Me encantó su deseo de conocer la Biblia. Parecía perfecto en todos los sentidos. Las películas de cuentos de hadas que había visto de niña estaban cobrando vida ante mis ojos. *¡Qué fácil es esto del amor!*

Y luego, de la nada, mi mundo entero se vino abajo. "Necesitamos hablar".

Esas fueron las dos breves palabras que aparecieron en mi teléfono. Rápidamente, hice clic en el mensaje de texto de Justin. Mi corazón comenzó a latir con fuerza. Algo no iba bien. Nuestros mensajes de texto siempre estaban rodeados de corazones y caras sonrientes. Ese texto era claro. Al punto. Sin rodeos.

Después de enviar mensajes de texto de ida y vuelta durante varios minutos, sonó mi teléfono. Era Justin.

—Odio hacer esto por teléfono —dijo con un tono triste—, pero como salgo de viaje de negocios la próxima semana… —hizo una pausa— bueno… solo necesito decirte lo que estoy pensando.

Los siguientes treinta minutos fueron de desconsuelo y confusión emocional. Justin me dijo que yo le gustaba mucho, pero que se daba cuenta de que "nuestra relación" no funcionaría a largo plazo. Me explicó que su interés en Dios no era tan fuerte como parecía. Me confesó que no tenía las mismas convicciones genuinas que me había hecho creer que tenía. Me dijo que a partir de ese momento su vida tomaría un rumbo muy diferente.

Después de lo que pareció una eternidad, por fin esa horrible llamada telefónica terminó. Con el corazón destrozado y mis sueños hechos trizas, colgué el teléfono. Lloré durante las siguientes tres semanas. El amor no era tan fácil después de todo.

El amor y el noviazgo son complicados

Si hay algo que ambas hemos aprendido en la última década, es esto: las relaciones amorosas son complicadas. Esas encantadoras películas de pequeñas princesas que vimos de niñas no nos hicieron ningún favor cuando crecíamos. Nuestra perspectiva simplista del amor y del noviazgo chocó rápidamente con la realidad.

Como muchachas adolescentes, nos enfrentamos constantemente a nuevos desafíos. *¿Está bien decirle a un joven que me gusta? ¿Cómo logro que un joven guapo se fije en mí? ¿Está bien salir con diferentes muchachos? ¿Es posible ser "solo amigos" con un muchacho? ¿Qué pasa si a mi mejor amiga le gusta el mismo joven que a mí? ¿Cómo guardo mi corazón? ¿Qué hay del coqueteo? ¿Los límites físicos? ¿Las llamadas telefónicas nocturnas?*

> Nuestra perspectiva simplista del amor y del noviazgo chocó rápidamente con la realidad.

Teníamos muchas preguntas. Nuestros padres y otras personas nos ayudaron sabiamente a resolver las dudas, pero no fue fácil.

Y luego crecimos un poco más y todo cambió. De nuevo. *¿Qué cualidades son importantes en un futuro esposo? ¿Cómo establezco límites que honren a Dios? ¿Cuáles son las cosas no negociables? ¿Cómo sé si él es "el hombre indicado"? ¿Cuáles son las señales de* *advertencia? ¿Cómo hago para estar contenta cuando todas mis amigas se casan?*

Pregunta tras pregunta. Situación tras situación. Año tras año.

A pesar de nuestras fantasías infantiles, rápidamente aprendimos que no había un molde único para todas. Manejar con cuidado el noviazgo y las relaciones no era tan simple como Hollywood lo hacía ver.

El hecho de que estés leyendo este libro quizás significa que también has experimentado algunas complicaciones. Suponemos que te has hecho preguntas similares. Has enfrentado desafíos similares. Te han roto el corazón de alguna forma. Estás lidiando con la soltería. Te has preguntado si la Palabra de Dios tiene algo que decir.

Hermana, no eres la única. A nosotras nos ha sucedido. A otras les ha sucedido. Es duro. Navegar por las aguas del amor no es nada fácil. Y no ayudan en absoluto los mensajes contradictorios que nos envía la cultura moderna sobre cómo manejar el amor. Las películas nos recomiendan seguir lo que dicta nuestro corazón. Las canciones de amor nos impulsan a ir tras el hombre indicado. Y nuestras amigas nos dan todo tipo de consejos al azar.

Una joven soltera de veintitrés años llamada Chelsea nos escribió para comentarnos su lucha en esta área: "¡Es muy difícil saber qué es lo correcto en las relaciones amorosas! Mi cultura me da su opinión todos los días, y ya ni siquiera estoy segura de qué pensar".

¿Te identificas con esto? Ya sea que tengas dieciocho años o que hayas pasado los treinta, probablemente has experimentado la confusión y las complicaciones asociadas con el amor romántico de una forma u otra. Y, si no es así, tal vez hayas experimentado los anhelos y las dificultades de estar soltera. Si eres como nosotras dos, te habrás preguntado si hay una manera mejor. Una manera más sabia. Una manera que honre a Dios.

En resumen, sí la hay. Hay una manera mucho mejor. Gracias

a Dios, el Creador del universo no nos dejó en suspenso en lo que respecta a nuestra vida amorosa.

Por qué escribimos este libro

En lugar de ofrecerte un nuevo programa de citas amorosas o una fórmula para encontrar al hombre indicado, queremos ofrecerte una perspectiva bíblica para el amor real y las relaciones duraderas. A todas luces, los métodos modernos para el amor y las relaciones no funcionan. Necesitamos algo mejor. Algo más inteligente. Algo duradero. Declaramos un alto en el juego moderno del amor y decimos "basta". Hollywood, te desenmascaramos. A menos que como mujeres cristianas nos liberemos de la perspectiva distorsionada del amor de nuestra cultura moderna, seguiremos sufriendo el mismo camino miserable.

Necesitamos algo mejor. Algo más inteligente.

Durante la última década, las dos abrimos la Palabra de Dios y descubrimos una perspectiva del amor y las relaciones que es radicalmente mejor, una perspectiva que coloca a Cristo en el centro de nuestra vida amorosa.

Sea cual sea la etapa actual de tu vida, estamos seguras de que la Palabra de Dios tiene respuestas específicas y útiles para ti. Después de todo, Dios diseñó el amor y el matrimonio, y debe saber cómo desenvolverse mejor en este aspecto de nuestra vida.

Ya sea que estés soltera y luches por estar contenta, que estés en una relación confusa y necesites claridad, que estés tratando de guardar tu corazón y mantenerte pura, o que te estés preguntando cómo conducirte con éxito en el camino hacia el matrimonio, *la Palabra de Dios tiene respuestas.*

Sea cual sea la razón por la que conseguiste este libro, queremos que sepas que la Biblia tiene una sabiduría práctica, aplicable y reveladora que te puede ayudar a desenvolverte en tu vida amorosa, todo para la gloria de Dios.

A LO LARGO DE LAS PÁGINAS DE ESTE LIBRO DESCUBRIRÁS:

- UNA PERSPECTIVA BÍBLICA SOBRE EL AMOR REAL Y LAS RELACIONES DURADERAS;
- EL ESPECTACULAR DISEÑO DE DIOS PARA EL AMOR, EL MATRIMONIO Y EL SEXO;
- LO QUE NECESITAS AHORA PARA CONSTRUIR BASES SÓLIDAS PARA TU FUTURO MATRIMONIO;
- IDEAS PRÁCTICAS PARA CONDUCIRTE CON ÉXITO EN EL CAMINO HACIA EL MATRIMONIO;
- CÓMO VIVIR UNA VIDA CON PROPÓSITO, OBJETIVO Y SATISFACCIÓN COMO MUJER SOLTERA;
- CUALIDADES ESENCIALES PARA BUSCAR EN UN FUTURO ESPOSO;
- CÓMO DESARROLLAR UNA HISTORIA DE AMOR CENTRADA EN CRISTO, QUE SEA DURADERA, Y MUCHO MÁS.

Ninguna de nosotras es experta en el tema del amor. No somos gurús de las relaciones ni casamenteras profesionales (¡aunque hemos tenido cierto éxito!). Pero sí sabemos quién lo es. Y conforme hemos practicado sus verdades en nuestras vidas, hemos aprendido cómo confiar más en Cristo y encontrar satisfacción plena en Él. Cuando Cristo tomó el lugar central de nuestras vidas amorosas, todo cambió.

Si estás cansada del vértigo del apasionamiento, de romperte en las orillas del dolor y de batallar en la senda de la confusión, acompáñanos a recorrer este nuevo camino. Un camino para descubrir el diseño hermoso e increíble de Dios para el amor real y las relaciones duraderas.

Da la bienvenida al *amor definido por Dios*.

CAPÍTULO 1

GUÍA DE ESTUDIO

"Sea cual sea la etapa actual de tu vida, estamos seguras de que la Palabra de Dios tiene respuestas específicas y útiles para ti".

1. ¿Qué tipo de "complicaciones" has experimentado en el amor y el noviazgo?

2. ¿Cuáles de las siguientes preguntas te has hecho? Subraya las que correspondan.

   ¿Está bien decirle a un joven que me gusta?
   ¿Cómo logro que ese joven guapo se fije en mí?
   ¿Está bien salir con diferentes muchachos?
   ¿Es posible ser solo amigos con un muchacho?
   ¿Qué pasa si a mi mejor amiga le gusta el mismo joven que a mí?
   ¿Cómo guardo mi corazón?
   ¿Qué hay del coqueteo?
   ¿De los límites físicos?
   ¿Y de las llamadas telefónicas nocturnas?
   ¿Qué cualidades son importantes en un futuro esposo?
   ¿Cómo establezco límites que honren a Dios?
   ¿Qué cosas no son negociables?
   ¿Cómo sé si él es "el hombre indicado"?
   ¿Cuáles son las señales de advertencia?
   ¿Cómo hago para estar contenta cuando todas mis amigas se casan?

3. ¿Qué ha influido más en tu perspectiva actual sobre el amor y el noviazgo (por ejemplo, las películas, la música, las novelas, las amistades, los padres, la iglesia, la Palabra de Dios, etc.)?

____

____

____

4. Enumera tres cosas que esperas aprender de la lectura de este libro.

____

____

____

HAZLO *personal*

Comencemos bien. Tómate un momento para orar y pedir a Dios que te ayude a tener un corazón y una mente abiertos para aceptar su perspectiva del amor duradero y las relaciones duraderas.

2. DETRÁS DE LA FACHADA DEL CUENTO DE HADAS

Yo (Bethany) no podía creer lo que veía. ¿Eran realmente Jacob Wood y Kaitlyn Martin entrando juntos al edificio de la conferencia? ¿Tomados de la mano? Agarré mi teléfono celular e inmediatamente marqué el número de Kristen.

—Adivina a quién acabo de ver entrar a la conferencia —esperé en el teléfono.

—Ehhh… No tengo la más mínima idea —dijo Kristen, confundida.

—¡Vamos, piensa! —le respondí—. ¡Esto es de cuento de hadas! ¡Como el príncipe Carlos y la princesa Diana!

Entonces Kristen supo exactamente a quiénes me refería.

—¡No puede ser! Tienes que estar bromeando. ¿Jacob y Kaitlyn? ¿Creí que se habían separado hace años?

—Creo que la historia se repite —dije medio en broma—. Bien, tengo que apurarme. La sesión de apertura ya va a empezar.

Cuando me senté en el auditorio, no pude evitar mirar a Jacob y a Kaitlyn. Parecían la pareja perfecta. No tuve que mirar mucho para notar cuán enamorados estaban el uno del otro. La forma como él le acariciaba el cabello. La forma como ella le sonreía. La forma como se miraban a los ojos.

Durante los seis meses siguientes, vi a Jacob y a Kaitlyn totalmente enamorados. Jacob trataba a Kaitlyn como una princesa, y conquistó rápidamente su corazón. Cualquier conflicto que surgía desaparecía con las suaves palabras de Jacob y sus dulces besos. Jacob le aseguró a Kaitlyn que ella era la mujer de su vida. No estaba jugando. No quería perder el tiempo. Estaba listo para la vida real. Estaba listo para pensar solo en ella.

Al menos eso fue lo que dijo.

Una noche de octubre, bajo un cielo estrellado, Jacob se arrodilló y le propuso matrimonio. Con lágrimas en los ojos y un corazón lleno de inocente alegría, Kaitlyn le respondió: "No imagino casarme con nadie más que tú. *¡Sí!*".

En menos de tres meses, esta pareja digna de Hollywood se casó.

Desearía que su historia terminara aquí. Desearía poder decir que vivieron felices para siempre, pero no fue así. Nadie imaginó cuán desgarradores serían los próximos años.

Antes de contar el final de su historia, retrocedamos para conocer algunos antecedentes que los llevaron a ese punto.

Crecí con Jacob y Kaitlyn. Aunque no fui su mejor amiga, pasamos mucho tiempo juntos en la secundaria. Kaitlyn era guapísima, ingenua y un poco nueva en su fe cristiana. Jacob era inteligente, hábil con las palabras, popular y demasiado guapo para su propio bien. Jacob era un hombre que le gustaba a las mujeres, y él lo sabía. Todas las muchachas lo sabían. Bueno, todas las muchachas menos Kaitlyn.

> Desearía poder decir que vivieron felices para siempre.

Jacob y Kaitlyn salieron durante unos meses durante su segundo año de secundaria. Jacob estaba completamente enamorado de la belleza de Kaitlyn. Por desdicha, después que la emoción inicial desapareció, su interés también se fue desvaneciendo. Él quería algo nuevo. Algo diferente. Algo fresco.

Sin pensarlo dos veces, Jacob envió un mensaje de texto a Kaitlyn y le dijo: "Oye, necesito seguir adelante con mi vida. Ya no te amo". El mensaje de texto tomó a Kaitlyn por sorpresa. Estaba sorprendida y confundida. Se preguntó qué había hecho mal. ¿Por qué la había dejado?

Aunque Jacob había abandonado a Kaitlyn abruptamente, ella nunca lo superó. Lo extrañaba. Lo quería de vuelta. Quería volver a tener su mano entre las suyas. Quería volver a sentir lo que había sentido cuando él la presentaba como su novia. No le importaba que hubiera saltado de una novia a otra después de salir con ella. Estaba desesperada por volver a salir con él.

Después de varios años, Jacob se volvió a fijar en Kaitlyn. Al darse cuenta de que él volvía a interesarse en ella, su corazón se enloqueció. Todos sus antiguos sentimientos se dispararon. Dio por hecho que su intensa pasión por Jacob era una señal de amor verdadero. De la mano de Jacob, Kaitlyn sintió que su vida volvía a ser un perfecto cuento de hadas.

Y esto nos lleva de nuevo al comienzo de su historia en este capítulo.

Retomemos juntas la historia después de su boda.

Después que Jacob y Kaitlyn se casaron, sinceramente creí que su relación funcionaría. En mi ingenuidad supuse que la buena apariencia de ambos y la intensa pasión que sentían bastarían para gozar de un matrimonio duradero. Supuse que Jacob se transformaría en un hombre maduro, fiel, puro y piadoso. Pensé que Kaitlyn se convertiría al instante en una mujer cristiana sabia y madura.

Por desdicha, de alguna manera el matrimonio saca a la luz el pecado, no lo borra.

Al cabo de tres años de haberse casado Jacob y Kaitlyn, sucedió lo impensable. Nunca olvidaré la mirada en el rostro de Kaitlyn cuando entró al restaurante donde nos reuníamos.

"Me dejó —murmuró con su rostro bañado en lágrimas y rímel que corrían por sus mejillas y caían sobre sus manos—. Me dejó… por otra mujer".

No podía creer lo que oía. Pensé que los matrimonios funcionaban por sí solos. Pensé que las parejas jóvenes tan populares y atractivas como Jacob y Kaitlyn, de alguna manera, estaban exentas del desastre. Pensé que su belleza mantendría a un hombre a su lado pase lo que pase. Pensé que la vida de ellos sería genial.

Pensé que su belleza mantendría a un hombre a su lado pase lo que pase.

A través de su trágica relación, mis ojos se abrieron a los efectos devastadores de un matrimonio basado en el apasionamiento. Aprendí rápidamente que se necesita mucho más que buena apariencia y pasión para mantener el amor en el tiempo. A diferencia de las películas, esta historia de cuento de hadas no terminó en que "fueron felices para siempre". Esta era la vida real. Y era horrible.

Un triste descubrimiento

Nos gustaría que la historia de Kaitlyn fuera una rara excepción, pero no lo es. Cuando nosotras entramos en la década de los veinte años, rápidamente nos dimos cuenta de que la mayoría de las relaciones modernas no eran exitosas. La angustia, el dolor, las dificultades y el divorcio se convertían rápidamente en realidades comunes a nuestro alrededor. En lugar de ver a nuestras compañeras casarse y vivir felices, vimos que muchos de sus matrimonios terminaban en divorcio.

No es ningún secreto que las mujeres modernas vivimos en una generación plagada de relaciones rotas. Con una tasa de divorcios casi del 50%[1], muchas vivimos muy de cerca esta destrucción. Ya sea tu propia vida amorosa, el matrimonio de tus padres o la relación de una amiga, es probable que hayas visto esta desastrosa situación.

1. American Psychological Association, "Marriage and Divorce", consultado el 29 de julio de 2017, http://www.apa.org/topics/divorce/.

Hace poco, yo (Kristen) tuve una conversación con un grupo de muchachas solteras. Parecía que todas habían experimentado relaciones amorosas difíciles o dolorosas. Una joven relató la ruptura que había sufrido cuando su novio rompió abruptamente con ella para salir con otra muchacha. Otra joven habló de la culpa que sentía desde que perdió su virginidad con su ex novio. Otra contó la confusión que sentía como resultado de salir con un compañero de trabajo no cristiano.

A pesar de la evidente angustia y disfunción que experimentamos en nuestra vida de solteras, las relaciones románticas no dan señales de mejoría. De hecho, parece que son cada vez más infelices, dolorosas y resquebrajadas. Al igual que una bola de nieve que crece a medida que rueda cuesta abajo, la destrucción en las relaciones parece aumentar con cada año que pasa.

La fachada del cuento de hadas

Cuando éramos adolescentes, francamente creíamos que las relaciones funcionaban por sí solas. La verdad es que nunca nos detuvimos a considerar qué hace que una relación sea realmente exitosa. Pensábamos que, si dos personas se atraían y había química entre ellas, al casarse la relación perduraría. Sin embargo, ver el desmoronamiento de la relación entre Jacob y Kaitlyn nos obligó a detenernos y a cuestionar nuestra perspectiva. Nos hizo reconsiderar nuestra definición de amor real y nuestra idea de una relación duradera.

En las semanas posteriores al divorcio de Jacob y Kaitlyn, nos dimos cuenta de que habíamos vivido bajo una comprensión falsa del amor. Fuimos ingenuas al suponer que, de alguna manera, las parejas podían triunfar una vida entera con apasionamiento, atracción y química. Sin quererlo, creíamos que las parejas modernas podían definir el amor en sus propios términos y aun así lograr resultados duraderos.

Esta falsa perspectiva del amor es un resultado directo de lo que llamamos la fachada del cuento de hadas.

La fachada del cuento de hadas es como un hermoso frente falso. Por fuera se ve muy bien. Imagina un frente provisional en el exterior de un edificio viejo y destruido. Por fuera se ve muy bien, pero detrás de ese frente falso solo hay ruinas.

La fachada del cuento de hadas promueve la idea de que podemos pasar por alto el diseño de Dios para el amor, el sexo y el noviazgo, y aun así tener resultados duraderos y felices. Es la idea de que Hollywood puede definir el amor según sus propios términos e incluso crear historias con finales felices para siempre. Es la falsa creencia de que podemos ignorar el plan perfecto del Creador para nuestras vidas y aun así ser completamente felices sin seguir su diseño. A pesar de todas las grandes promesas que ofrece la fachada del cuento de hadas, no es más que un frente falso.

En lugar de creer a ciegas la fachada del cuento de hadas, como cristianas debemos detenernos y evaluar sus resultados. Necesitamos analizar seriamente el estado de las relaciones modernas y ver lo que funciona realmente y lo que no. Necesitamos abrir nuestros ojos, hacer preguntas atinadas y considerar las estadísticas reales. Necesitamos ver detrás de la fachada y ver los escombros.

La fachada del cuento de hadas solo puede quedar al descubierto si con sinceridad analizamos la realidad de las relaciones modernas. Necesitamos hacer un alto y formular algunas preguntas pertinentes.

> La fachada del cuento de hadas es como un hermoso frente falso... Por fuera se ve muy bien, pero detrás... solo hay ruinas.

Si la versión de Hollywood del amor verdadero funciona tan bien en las películas, ¿por qué no funciona en la vida real? Si el adulterio se presenta libre de consecuencias en los programas de televisión, ¿por qué es terriblemente doloroso en la vida real? Si el sexo fuera del matrimonio parece tan satisfactorio en las películas románticas, ¿por qué nos hace sentir vacías e insatisfechas en la vida real? Si las aventuras de una noche son tan divertidas y emocionantes, ¿por qué nos hacen sentir tan desdichadas? Si el amor duradero son dos personas hermosas que se enamoran, ¿por qué el índice de divorcios aumenta sin control?

Si como mujeres modernas respondemos estas preguntas con sinceridad, de inmediato nos damos cuenta del engaño de la fachada del cuento de hadas. Vemos con claridad cuán irreal y miope es el amor definido por la cultura:

LOS MUCHACHOS PÍCAROS NO SE VUELVEN BUENOS CUANDO LOGRAN CONQUISTAR A UNA JOVEN.
LAS MUCHACHAS PÍCARAS NO SE VUELVEN BUENAS CUANDO LOGRAN CONQUISTAR A UN JOVEN.
EL ADULTERIO NO ES DULCE Y TIERNO.
LA SEDUCCIÓN NO PRODUCE CONFIANZA.
LAS AVENTURAS DE UNA NOCHE TRAEN CONSECUENCIAS.
EL SEXO FUERA DEL MATRIMONIO TIENE UN COSTO.
EL DIVORCIO TIENE CONSECUENCIAS A LARGO PLAZO.
LA LISTA CONTINÚA.

Pese a que Hollywood trata continuamente de convencernos de que el verdadero amor se puede encontrar lejos de Dios, nosotras no hemos creído sus mentiras. Hemos visto que la fachada del cuento de hadas deja a muchas mujeres desilusionadas y vacías. Estamos hartas del frente falso. Estamos hartas de sus promesas vacías. Estamos hartas de aceptar la forma en que se exalta el pecado. Estamos hartas de quedarnos cruzadas de brazos mientras intentan usurpar el diseño de Dios. Lo llamamos por lo que realmente es: *falso*.

Hollywood desenmascarado

Sin darnos cuenta, solíamos creer la mentira de que Hollywood tenía la solución para el amor duradero y las relaciones exitosas. Por fuera, parecía que la mayoría de los actores y actrices tenían vidas amorosas perfectamente funcionales. Aparentaban haber descubierto el secreto del amor verdadero que las personas promedio no podían lograr. Las revistas a menudo describen sus vidas totalmente perfectas.

Sin embargo, detrás de esa máscara, descubrimos que tal descripción de una vida perfecta no podía estar más lejos de la verdad. Algunos actores y actrices más famosos tenían las relaciones más disfuncionales. Sus vidas reales a menudo eran exactamente lo opuesto a los personajes felices que interpretaban en las películas. A la luz de esta realidad, decidimos hacer una investigación profunda sobre algunas celebridades modernas más famosas. Desdichadamente, la investigación fue breve y los resultados repetidos. Matrimonios breves seguidos de divorcios rápidos parecían ser la tendencia entre las superestrellas que investigamos. De hecho, descubrimos que los matrimonios de las celebridades de élite de nuestra sociedad tienen un índice de divorcios aún más alto que el de las personas promedio.[2] A pesar de la riqueza, el atractivo y la fama de estas celebridades, el amor duradero parece más difícil de mantener.

> Si como mujeres modernas respondemos estas preguntas con sinceridad, de inmediato nos damos cuenta del engaño de la fachada del cuento de hadas. Vemos con claridad cuán irreal y miope es el amor definido por la cultura.

Un sitio web informó que "los divorcios entre celebridades son tan frecuentes, que es imposible mantenerse al día a menos que trabajes para un sitio web de noticias o pases todo el día leyendo sobre 'rupturas escandalosas' en las revistas de chismes. Aunque

2. Steve Doughty, "Celebrity Marriages Are Twice As Likely to End in Divorce: Half of Famous Couples Who Married between 2000 and 2010 Had Split Up by 2014", Daily Mail, 4 de enero de 2016, http://www.dailymail.co.uk/news/article-3383198/Celebrity-marriages-twice-likely-end-divorce-Half-famous-couples-married-2000-2010-split-2014.html #ixzz4ZCRW0J6m.

la tasa de divorcio nacional se sitúa entre el 40 y el 50%, las celebridades parecen cambiar de cónyuge casi tan a menudo como cambian de sábanas".[3]

Lamentablemente, las celebridades que más idolatramos como "expertas" en las relaciones a menudo tienen los peores récords. El periódico británico *Daily Mail* publicó un artículo que arroja luz sobre este tema. "Los famosos pueden deslumbrarnos con sus lujosas bodas de cuentos de hadas, pasteles de quince pisos y carruajes tirados por caballos; pero con demasiada frecuencia después de estas bodas le siguen, en rápida sucesión, un desenlace y un divorcio amargos y tortuosos cuyos detalles espeluznantes exhiben ante la mirada pública".[4]

Como mujeres modernas, a menudo vemos a nuestras celebridades favoritas y desearíamos tener sus vidas. Quedamos hipnotizadas por la fama y el *glamour*, pero en realidad la vida de cuento de hadas que parecen estar viviendo no es más que una fachada. El *glamour* no es más que un frente falso. Más allá de la alfombra roja, los flashes de las cámaras y la ropa brillante, con frecuencia sus vidas son una puerta giratoria de encuentros amorosos, rupturas y relaciones rotas.

Debemos despertar y reconocer que Hollywood no tiene las respuestas para las relaciones duraderas. Nuestras celebridades favoritas no tienen matrimonios verdaderamente felices. Los métodos que utilizan para encontrar y mantener una relación no funcionan.

> El *glamour* no es más que un frente falso.

A pesar de la falta de éxito de Hollywood en las relaciones, las mujeres cristianas a menudo adoptamos los mismos métodos. Sin cuestionar nada, tomamos el mismo camino

3. Brian Beltz, "Why is the Celebrity Divorce Rate So High?—Divorce Help", DivorceHelp360.com, consultado el 29 de julio de 2017, http://divorcehelp360.com/why-is-the-celebrity-divorce-rate-so-high/.

4. "Celebrity Marriages Are Twice As Likely to End in Divorce", *Daily Mail*.

hacia la destrucción. ¿Por qué? Porque el método de Hollywood es el más popular. Es el método predeterminado para las relaciones modernas.

Hemos decidido llamar, a este método defectuoso, el método del carrusel para las relaciones modernas. En el próximo capítulo, veremos exactamente cuál es este método y por qué nos introduce en un ciclo interminable de angustia.

CAPÍTULO 2

GUÍA DE ESTUDIO

La fachada del cuento de hadas promueve la idea de que podemos pasar por alto el diseño de Dios para el amor, el sexo y el noviazgo, y aun así tener resultados duraderos y felices.

1. En tus propias palabras, describe la fachada del cuento de hadas.

   ____

   ____

   ____

2. ¿De qué manera la fachada del cuento de hadas ha afectado tu propia vida o las personas que conoces?

   ____

   ____

   ____

3. Marca cada declaración que has visto suceder en la vida real:

   □ Los muchachos pícaros no se vuelven buenos cuando logran conquistar a una joven.

   □ Las muchachas pícaras no se vuelven buenas cuando logran conquistar a un joven.

   □ El adulterio no es dulce y tierno.

- ☐ Las aventuras de una noche traen consecuencias.
- ☐ El sexo fuera del matrimonio tiene un costo.
- ☐ El divorcio tiene consecuencias a largo plazo.

4. ¿Por qué crees que la buena apariencia y la pasión romántica no son suficientes para tener una relación duradera?

____

____

____

5. Si la versión de Hollywood del amor verdadero funciona tan bien en las películas, ¿por qué no funciona en la vida real?

____

____

____

HAZLO *personal*

Examina tu corazón y pide a Dios que te muestre cualquier mentira que hayas creído sobre la fachada del cuento de hadas. Termina cada oración siguiente con tus propias palabras.

HE CREÍDO LA MENTIRA DE QUE... _______________________

HE CREÍDO LA MENTIRA DE QUE... _______________________

HE CREÍDO LA MENTIRA DE QUE... _______________________

3. EL MÉTODO DEL CARRUSEL PARA LAS RELACIONES MODERNAS

Las luces brillantes y los letreros del parque temático eran un espectáculo de bienvenida para nuestro grupo de amigas. Mientras yo (Bethany) soñaba con el bote gigante que se balancea en el agua, Kristen guiaba a nuestro pequeño grupo en su paseo favorito, la rueda giratoria. En cuestión de minutos Kristen lo encontró, y entusiasmada se ubicó en la fila para hacer girar sus cerebros.

Me paré contra una pared cercana temiendo la idea de subirme a ese ridículo paseo. *¿Quién en su sano juicio querría pasar cuatro minutos en una cámara de tortura giratoria?* —pensé. El paseo comenzó y pronto escuché las risas y los gritos de Kristen y de nuestras amigas.

Después de lo que pareció una eternidad, sonó la campana y la rueda se detuvo lentamente. Vi a Kristen y a nuestras amigas acercarse a mí tambaleantes entre jadeos y risas. Kristen me agarró de la mano y comenzó a llevarme hacia la fila.

"Tienes que probarlo —dijo Kristen, determinada—. ¡Es muy divertido! Y ni siquiera te marea".

Por qué dije que sí, nunca lo sabré.

Para abreviar, la rueda giratoria fue horrible. La detesté desde el primer giro hasta el último. Me sentí mal durante el resto del día. Nunca (hasta el día de hoy) he vuelto a subirme a ese paseo. Aprendí mi lección de la peor manera, y no volveré a cometer ese error.

Un ciclo de giros interminables

Cuando observamos el método de nuestra cultura para el noviazgo moderno, vemos muchos paralelos entre este y la loca rueda giratoria. En apariencia, todo se ve divertido y emocionante. Las luces son brillantes, la risa estalla y los gritos abundan. Todos (bueno, casi todos) están dando vueltas, pasando el mejor momento de su vida. Y luego el paseo se detiene. Los pasajeros descompuestos se dirigen tambaleantes hacia la salida y se preguntan si el paseo valió la pena.

> Salimos tambaleantes de un noviazgo y entramos en otro, a la espera de algo más.

El método de nuestra cultura para las relaciones, de alguna manera, hace exactamente lo mismo. Al igual que los pasajeros con náuseas que giran en círculos, las mujeres solteras modernas abordamos paseos similares en nuestras relaciones. Giramos en círculos repetitivos y nos preguntamos por qué cosechamos resultados nauseabundos. Salimos tambaleantes de un noviazgo y entramos en otro, a la espera de algo más; pero nada cambia. Confundidas y desorientadas, volvemos una y otra vez a la fila que nos lleva a otro paseo loco.

Al igual que la rueda giratoria, el carrusel está diseñado para girar en círculos interminables. El paseo gira sin cesar, y crea una experiencia similar a la rueda.

Si a una persona no le gusta la experiencia del carrusel, debería saltar de él. Debería probar un nuevo paseo que funcione de una manera totalmente distinta. Pasar de la rueda giratoria de un parque de diversiones al carrusel de una plaza no cambiará la experiencia. Seguirá dando vueltas. La misma rutina. Diferente asiento.

El método del carrusel para las relaciones modernas funciona igual que un carrusel y la rueda giratoria. Es un ciclo de giros interminables.

Este método es el más popular. Es el que promueve Hollywood. Es el que escuchamos idolatrado en la música popular. Es el método predeterminado para la mayoría de las personas solteras de hoy. Es el método que tal vez estés usando en este momento o que usarás en el futuro.

El principal objetivo del método del carrusel está fundado y alimentado por el deseo de complacer al *yo*. Este método está motivado por la felicidad personal. No está impulsado por el deseo de glorificar a Dios, sino por el deseo de satisfacernos a nosotras mismas.

El principal objetivo del método del carrusel está fundado y alimentado por el deseo de complacer al yo.

EL OBJETIVO DEL MÉTODO DEL CARRUSEL = LA FELICIDAD PERSONAL

Cuando la felicidad personal se convierte en nuestra búsqueda principal en una relación romántica, todas nuestras decisiones serán impulsadas por tal motivación. Nuestro interés es obtener lo que queremos cuando lo queremos, en lugar de glorificar a Dios.

El método del carrusel para las relaciones modernas se basa en un proceso de cinco pasos. Comienza con el paso 1 (que estamos a punto de describir) y avanza hasta el paso 5. Como mujeres modernas, a menudo nos subimos a bordo de esta relación feliz con la esperanza de encontrar nuestro final feliz para siempre. Comenzamos nuestro paseo relacional con la búsqueda de un muchacho guapo. Luego lo perseguimos hasta que logramos que se fije en nosotras. Después que lo conquistamos, nos dejamos llevar por el apasionamiento y los sentimientos. A medida que la relación avanza, esperamos que nuestro hombre satisfaga todas nuestras necesidades. Si en algún momento nos sentimos infelices o insatisfechas, simplemente presuponemos que hemos elegido mal y pensamos: *¡Debe ser el hombre equivocado!* Entonces, en lugar de saltar del carrusel, miramos las opciones disponibles y repetimos el proceso. Giramos sin parar.

A continuación, describiremos los cinco pasos del método del carrusel para las relaciones modernas. Veremos cómo funciona en la vida real. A medida que leas cada paso, fíjate si te identificas con alguno de ellos. ¿Alguna vez, sin saberlo, seguiste este método y terminaste en el carrusel loco?

Comencemos con el paso 1.

PASO 1: ENCUENTRA AL HOMBRE INDICADO

Amiga, es hora de emprender la búsqueda. El muchacho perfecto está en alguna parte. Solo necesitas encontrarlo. Sal de tu zona de confort y persíguelo. Haz lo que sea necesario para conquistar al muchacho que te satisfaga. Si puedes encontrar a tu alma gemela, él te hará sentir plena y totalmente feliz. Será tu príncipe azul. Tu caballero encantado. El hombre que te hará feliz. Será todo lo que alguna vez has soñado. Solo necesitas concentrarte en llamar su atención y conquistar su corazón.

Según la cultura moderna, este es el primer paso para una relación romántica duradera. *Primero debes encontrar al hombre indicado*. A menos que lo encuentres, no serás realmente feliz.

Debes mantener tus ojos bien abiertos en todo momento. Piensa un poco. Podría ser el barista de tu cafetería favorita. Podría ser el camarero que te sirve la cena en un restaurante local. Podría ser el nuevo entrenador de tu gimnasio. Incluso podría ser el muchacho que corre alrededor de tu vecindario y que te saluda casualmente mientras conduces. Podría estar en cualquier parte. Debes mantener los ojos abiertos.

Cuando estaba en la secundaria, yo (Kristen) trabajé muy duro para conquistar a quien pensé que era el muchacho indicado para mí. Estaba segura de que si lo conquistaba me sentiría totalmente plena. Creí que era la pieza que faltaba en mi rompecabezas. Pensé que lo necesitaba para ser feliz. Hice hasta el ridículo para llamar la atención de ese muchacho. Eché mano a todos los recursos de mi intuición. Para mi deleite, mis tácticas funcionaron. Se fijó en mí. Por fin aquel joven y yo intercambiamos números telefónicos, y me sentí *la mujer más feliz del mundo*. Estaba embelesada por la atención que me brindaba y encantada de saber que yo estaba en sus pensamientos. La vida era maravillosa… al menos en ese momento.

Creí que era la pieza que faltaba en mi rompecabezas.

Si has encontrado al muchacho indicado en el carrusel, estás lista para el paso 2.

PASO 2: DÉJATE LLEVAR POR EL APASIONAMIENTO

Estás haciendo la fila en tu panadería local cuando sucede lo inimaginable. El joven guapo detrás del mostrador te sonríe como si dijera: "¡Hola, guapa, soy el objeto de tus sueños!". Se te aflojan las rodillas y se te seca la boca. Es obvio que acabas de experimentar amor a primera vista. Sin dudarlo, mentalmente empiezas a planear tu boda con este galán de panadería.

Este es el siguiente paso hacia tu final feliz: da rienda suelta a tus emociones. Obviamente, la química entre tú y este joven es una clara indicación de que están destinados a permanecer juntos. No importa que sea veinte años mayor que tú. No importa que esté trabajando a tiempo parcial y que aún viva en el sótano de sus padres. No importa que esté usando todo su tiempo libre para jugar videojuegos. Nada de eso importa. Lo único que importa es la química que hay entre ustedes dos. Aquí y ahora.

Solo necesitas dejarte llevar por ese apasionamiento. Te llevará a tu destino. Te llevará a tu alma gemela. ¡Ah! y asegúrate de ignorar la sabiduría y los consejos de quienes te rodean. Ellos no son *tú*. Ellos no entienden la química y las chispas que sientes en tu corazón. No hagas caso de las advertencias o señales de alerta que puedan señalarte. El apasionamiento debe ser la brújula que te ayude a navegar por tu corazón.

A pesar de lo ridículo que pueda parecer esto, es la estrategia que la cultura moderna vende a las mujeres solteras. Nos alienta a tomar serias decisiones románticas en pleno fervor del apasionamiento. La sabiduría y el discernimiento no son factores influyentes a la hora de tomar la decisión transcendental de contraer matrimonio.

Las emociones son fuertes. La química está en su máximo nivel. Todo parece perfecto en el momento. "Muchos investigadores describen este estado cerebral [de apasionamiento] en general como una 'idealización' de la persona amada. Te concentras en las fortalezas (muchas de las cuales pueden ser imaginarias) y eres ciega a las debilidades (muchas de las cuales son evidentes para los observadores externos). No haces más que 'idealizar' a esa persona como quieres que sea. Debería quedar claro que en este estado no estás en condiciones de tomar una decisión objetiva basada en tus sentimientos".[1]

Este estado de apasionamiento ciego es exactamente lo que vemos en las relaciones amorosas modernas.

---

1. Gary Thomas, *The Sacred Search* (Colorado Springs: David C. Cook, 2013), pp. 30-31.

Yo (Bethany) estaba encaprichada con un muchacho de la secundaria. Estaba locamente obsesionada con él. Estaba convencida de que cualquier consejo que me daban no estaba en sintonía con la realidad. No quería el consejo de mis padres. No quería el consejo de Kristen. Ni siquiera me importaba si los sabios consejos que me ofrecían eran ciertos. Estaba loca por ese muchacho y quería que todos los demás también estuvieran encantados con él.

La visión perfecta es 20/20, ¿verdad? Ahora puedo ver claramente cuán ciega estaba a causa de mi apasionamiento con este muchacho. Lo veía como un William Wallace moderno (si no sabes quién es, se trata del héroe escocés protagonizado por Mel Gibson en la película Braveheart [Corazón valiente]). Nada podía cambiar mi perspectiva. Estaba encaprichada con él.

Aunque se estima que el apasionamiento suele durar entre doce y dieciocho meses,[2] yo definitivamente superé el promedio con ese joven. En realidad, mi apasionamiento solo comenzó a disminuir a los dos años. Después de dos años, al fin comencé a ver a este joven con cabeza fría. Empecé a verlo como era realmente, no como me lo había imaginado.

La inercia del apasionamiento es un paso crucial en el proceso del carrusel.

Después que has perseguido y conquistado al hombre de tu vida, y que te has dejado llevar por el apasionamiento, estás lista para el paso 3.

PASO 3: CONCÉNTRATE EN TUS SENTIMIENTOS

Ahora que estás apasionada con ese joven, es hora de *concentrarte en tus sentimientos*. En esta etapa de la relación, tus sentimientos serán tu mejor fuente de verdad. Si te sientes bien con

2. Susan Heitler, PhD, "The Deceptive Power of Love's First Moments", *Psychology Today*, 13 de julio de 2012, https://www.psychologytoday.com/blog/resolution-not-conflict/201207/the-deceptive-power-loves-first-moments.

la relación, sigue adelante. Puedes determinar si estás enamorada de ese hombre por cómo te *sientes* con él.

En el método del carrusel, concentrarte en tus sentimientos es un paso imprescindible. Según la cultura moderna, tus sentimientos son el factor determinante para decidir con quién deberías o no estar. Si te sientes bien, adelante. Ese es tu lema y tu guía. Es un lema que está en todas partes, por eso puedes contar con que funcionará para ti.

Este estado de apasionamiento ciego es exactamente lo que vemos en las relaciones amorosas modernas.

Yo (Kristen) leí una entrevista a un famoso cantante de música country donde se le preguntó sobre uno de sus divorcios pasados. Según dijo, supo que su matrimonio anterior había terminado cuando sus sentimientos comenzaron a dirigirse hacia otra mujer. Sus sentimientos fueron su guía. Y le indicaron que otra mujer era su nueva alma gemela. El artículo no hablaba de compromiso o fidelidad, ni de dominio propio. En cambio, dejaba claro que su corazón le estaba hablando y que él debía seguir lo que su corazón dictara. Fue así cómo, de un plumazo, firmó los documentos de divorcio y se fue a vivir con su nueva mujer.

Este es el mundo en el que vivimos como mujeres modernas. Este mundo trata de inculcarnos que los sentimientos son el factor decisivo que debe guiarnos. El mundo nos dice "sigue tu corazón" y "haz lo que sientas". Nuestros sentimientos son el mapa de ruta para nuestra vida amorosa. Si los seguimos, nos llevarán a nuestro destino.

Hacia el final de mi último año de secundaria, yo (Kristen) conocí a un joven guapo y rápidamente avancé al paso 3 en el método del carrusel. Ese joven y yo teníamos mucha química. A pesar de las obvias diferencias conflictivas entre ambos, me concentré en mis sentimientos que me decían que era la relación correcta. Me gustaba. Yo le gustaba. Estábamos hechos para estar juntos.

En el paso 3 del método del carrusel, no hay voz de sabiduría ni de razón. Cuando se trata del amor y el noviazgo, tus senti-

> *En el método del carrusel... cuando se trata del amor y el noviazgo, tus sentimientos mandan.*

mientos mandan. Cualquier inquietud, señal de advertencia o sabiduría externa debe descartarse si tus sentimientos confirman tu dirección.

Cuando ya has encontrado al hombre de tu vida, te has dejado llevar por el apasionamiento, y te has concentrado en tus sentimientos, estarás lista para el paso 4.

PASO 4: ENCUENTRA TU SATISFACCIÓN EN TU NOVIO

Por fin has encontrado al hombre de tus sueños. Este joven *tiene* que ser tu alma gemela. Está destinado a satisfacer todas tus necesidades. Es tu príncipe azul. Debería hacerte sentir como una reina, todo el tiempo. Tu única tarea consiste en esperar que él te satisfaga. Sigue adelante y pon todas tus esperanzas, expectativas y deseos sobre sus hombros. Si él es tu verdadero amor, él te hará feliz en todo momento.

Según el paso 4 del método del carrusel de las relaciones modernas, el único propósito de un hombre es mejorar la vida de su pareja. Él existe para hacerla feliz. Para hacerla sentir segura. Para satisfacer todas sus necesidades. Para leer su mente y saber lo que ella quiere sin tener que pedírselo. Su único trabajo es satisfacerla, y más vale que lo haga bien.

En las relaciones modernas, a las mujeres solteras se les enseña a ver a los hombres como los responsables de su felicidad. Ni siquiera nos damos cuenta, pero este paso está grabado en nuestro cerebro. *Más vale que me haga feliz. Más vale que me satisfaga. Más vale que sepa cuándo traerme flores y chocolates (chocolate negro, claro). Más vale que sepa cómo calmarme cuando estoy disgustada. Más vale que en todo momento sea el hombre más considerado del mundo.*

Hace poco, una amiga nuestra llamada Kendra nos contó cómo

había implementado fielmente el paso 4 en su relación. El primer día de San Valentín para ella y su novio como pareja, Kendra tenía grandes expectativas. Ella quería que él se desviviera tratándola como una reina. Quería rosas y regalos especiales. Quería mimos constantes. Quería que él adivinara todos sus deseos y se los cumpliera con precisión.

Solo imagina su reacción cuando el día no salió conforme a su plan perfecto. Estaba contrariada. No importaba que su novio hubiera hecho todo lo posible para que el día fuera significativo y especial. Las expectativas de Kendra no se habían cumplido. Hizo lo que cualquier mujer contrariada haría en una situación semejante... un berrinche de niña grande. Le comunicó lo triste, disgustada y desilusionada que estaba. Se suponía que él era el responsable de hacerla feliz, no de echar por tierra sus expectativas.

Cuando ya has adoptado por completo el paso 4, estarás en el nivel profesional del método del carrusel. En este momento, estás lista para avanzar al paso 5.

PASO 5: LLORA CUANDO LA RELACIÓN FRACASE (LUEGO VUELVE AL PRINCIPIO Y EMPIEZA DE NUEVO).

Si en algún momento del proceso del carrusel dejas de estar enamorada de ese hombre, déjalo. Si tu apasionamiento desaparece, termina con él. Si tus sentimientos cambian, busca amor en otro lugar. Si él no satisface todas tus necesidades y no cumple con todas tus expectativas, despídelo. Termina tu relación con él en el momento en que deje de hacerte completamente feliz. Después de todo, al parecer no era tu alma gemela. Será doloroso, así que anda y llora tanto como necesites.

Por desgracia, este paso final es casi siempre inevitable.

Sin embargo, según nuestra cultura, todavía hay buenas noticias en esa etapa del proceso. Cuando has llorado lo suficiente y te has recuperado de tu angustia, vuelve al paso 1 y comienza el proceso nuevamente. Comienza a buscar a un nuevo hombre (porque es obvio que el hombre con el que estabas no era el correcto). Es hora de volver a comenzar el método del carrusel y de repetir los pasos.

PASO 1: ENCUENTRA AL HOMBRE INDICADO.
PASO 2: DÉJATE LLEVAR POR EL APASIONAMIENTO.
PASO 3: CONCÉNTRATE EN TUS SENTIMIENTOS.
PASO 4: ENCUENTRA TU SATISFACCIÓN EN TU NOVIO.
PASO 5: LLORA CUANDO LA RELACIÓN FRACASE.

Quizás esta vez, o la siguiente, encuentres a tu verdadero amor. Tan solo sigue dando vueltas, porque puede que necesites cinco, seis o incluso siete carruseles hasta que encuentres a tu "pareja perfecta". Y, aunque la relación termine en matrimonio, el método del carrusel estará a tu disposición si las cosas no funcionan. Así que comienza a prepararte para dar un paseo vertiginoso en carrusel a lo largo de toda la vida.

El método que rige el mundo de las relaciones

Ahí están, los cinco pasos que rigen el mundo moderno de las relaciones. Si estás atenta al método del carrusel, lo notarás en todas partes. Está en la música pop. Está en las películas populares. Está en los *reality shows* de televisión. Está en las redes sociales. Es la base de las relaciones de tus amigas. Dado que este método impregna casi todo en la cultura moderna, muchas lo hemos adoptado por defecto.

Al mirar en retrospectiva y al pensar en algunas relaciones anteriores, sin saberlo, nosotras (Bethany y Kristen) adoptamos ciertos aspectos del método del carrusel. La cultura se había infiltrado en nuestro pensamiento más de lo que nos habíamos percatado. Como se esperaba, el método del carrusel no nos dio buenos resultados. No nos ayudó a encontrar la satisfacción que anhelábamos. No nos ayudó a mantener a Cristo en el centro de nuestros noviazgos.

La razón por la cual este método produce tan malos resultados es porque se basa principalmente en una cosa: el egocentrismo. El método del carrusel se centra por completo en "mí". Mi felicidad. Mi realización. Mi satisfacción. Mi complacencia. Mis reglas. Mis deseos.

Hasta que decidamos como mujeres modernas seguir un método centrado en Cristo, seguiremos girando en vertiginosos círculos interminables.

El método del carrusel se centra por completo en "mí".

Salta del carrusel

Cuando nos dimos cuenta de lo perjudicial que era el método del carrusel, supimos que algo tenía que cambiar. No nos gustaban los resultados que producía en nuestras vidas. No nos gustaban lo egoístas y egocéntricas que se habían vuelto nuestras actividades románticas.

En lugar de seguir dando vueltas en el carrusel, nos dimos cuenta de que podíamos elegir algo mejor. Podíamos abordar las relaciones de una manera completamente distinta. Al estudiar lo que la Palabra de Dios dice sobre el amor, comprendimos que el método del carrusel carece de un fundamento bíblico. No es más que una imitación barata del excelente plan de Dios. Entonces, sin mirar atrás, decidimos saltar del carrusel (en los capítulos siguientes descubriremos más sobre el amor definido por Dios).

Desde que nos esforzamos en adoptar el diseño de Dios para el verdadero amor y el noviazgo, hemos podido manejar las relaciones de una manera que honra mucho más a Dios. A medida que hemos dejado de centrar nuestros corazones en nosotras mismas para centrarlos en Cristo, más contentas y satisfechas nos hemos sentido. Esperamos que des un salto de fe y nos acompañes en este camino para descubrir la perspectiva de Dios sobre el amor real y las relaciones duraderas.

CAPÍTULO 3

GUÍA DE ESTUDIO

"Hasta que decidamos como mujeres modernas seguir un método centrado en Cristo, seguiremos girando en vertiginosos círculos interminables".

1. ¿Por qué el método moderno para las relaciones es similar a un carrusel?

____

____

____

2. Llena el espacio en blanco: el objetivo del método del carrusel =

____

¿Cuáles son los mayores problemas que ves en este objetivo?

____

____

____

3. Escribe a continuación cada uno de los cinco pasos.

Paso 1 ______________________________

Paso 2 ______________________________

Paso 3 ______________________________

Paso 4 ______________________________

Paso 5 ______________________________

De los cinco pasos, ¿cuál subrayarías más? ¿Por qué?

4. ¿Qué efectos negativos del método del carrusel has observado en tu vida o en la vida de alguien que conoces?

____

____

____

5. ¿De qué modo necesitas cambiar tu visión actual de las relaciones para que deje de centrarse en ti misma y se centre más en Cristo?

____

____

____

HAZLO *personal*

¿Vas a acompañarnos a saltar del carrusel del egocentrismo? Si es así, tómate unos minutos para escribir una oración personal y pedir a Dios que te ayude a desarrollar una visión del amor y de las relaciones que esté más centrada en Cristo.

PARTE 2

Volvamos al verdadero amor

4. DE LOS FLECHAZOS DE NIÑAS PEQUEÑAS A LAS RELACIONES DE NIÑAS GRANDES

Para cuando cumplimos veinte años, cada una había experimentado ya una difícil ruptura. ¿Recuerdas a Ryan y a Justin? Sí. Esos muchachos. Nuestros sueños de cuentos de hadas no se estaban cumpliendo exactamente. *¡Eh, Cupido! ¿Te falló la puntería?* La vida real no era como la habíamos imaginado. En lugar de estar casadas con nuestro príncipe azul a los veintiún años, ambas nos encontrábamos dolorosamente solteras.

A medida que veíamos nuestros sueños esfumarse, nuestra confianza en Dios era probada. No teníamos ni idea de lo que nos deparaba el futuro. Ambas nos enfrentábamos al desafío de entregar nuestras vidas amorosas a Dios.

Ahora, en retrospectiva, ambas podemos ver claramente cómo Dios usó esas rupturas para operar una renovación importante en nuestro corazón. Él usó el sufrimiento y el dolor para llevarnos a su verdad. Ninguna de nosotras tenía ni idea de cuánto usaría Dios nuestras rupturas con Ryan y Justin como plataformas de lanzamiento para nuestro propio crecimiento espiritual. Los años siguientes demostraron ser cruciales en nuestro camino hacia la comprensión del amor definido por Dios.

Ahora que conoces el método del carrusel, fíjate si puedes detectar esos errores en nuestras propias relaciones. Como la mayoría de las niñas, cada aventura de amor y noviazgo que tuvimos empezó con mariposas y flechazos en el parque infantil de nuestro vecindario local.

El chico de las bermudas de jean

Yo (Bethany) recuerdo claramente mi primer flechazo. Tenía nueve años cuando nos conocimos. Bueno, en realidad nunca nos conocimos oficialmente. Ahora que lo pienso, ni siquiera sé su nombre real. De todos modos, él siempre estaba pasando el rato en el parque infantil donde mi madre nos llevaba a mis hermanas menores y a mí. ¡Era un galán! Mi corazón latía cada vez que lo veía. ¿Pero lo que realmente me llamaba la atención? Sus bermudas. Sí. Has leído bien. Llevaba puesto el mismo par de bermudas de jean todos los días. Y me encantaba. Después de varias semanas, Kristen y yo le pusimos el ingenioso apodo: *El chico de las bermudas de jean*. Ya sé. Ya sé. Muy inteligente.

Como estaba demasiado asustada para hablar con el chico de las bermudas de jean, lo acechaba a escondidas en el parque infantil, lo espiaba desde lo alto del trepador y lo observaba en secreto desde los columpios. Como niña de nueve años, estaba enamorada hasta las rodillas. No sabía mucho sobre el amor en ese momento, pero una cosa sabía: me gustaba mucho ese chico. Sin que nadie me lo hubiera enseñado, el deseo natural que Dios me había dado por el amor romántico empezaba a brotar.

El chico de cabello brillante

Mientras Bethany suspiraba por el chico de las bermudas de jean, yo (Kristen) sentía flechazos más refinados. Siendo un año y medio mayor que Bethany, había alcanzado los dos dígitos de edad. Ahora estaba en las grandes ligas. Los flechazos en el parque infantil habían quedado atrás. Había avanzado, y ahora mis flechazos eran con los amigos de mi hermano mayor. Mi último flechazo fue con un chico tres años mayor que yo que jugaba en el equipo de béisbol de mi hermano Michael.

Ver a este chico guapo correr por el campo de béisbol me hacía sentir mariposas en el estómago. ¿Y qué me llamó realmente la atención? No, no fueron sus bermudas. Fue su cabello. No solo tenía un cabello increíble, sino que él le hacía algo muy especial. Él no usaba un gel para cabello común y corriente, como todos los otros chicos. Él usaba un gel con brillantina para producir un efecto resplandeciente. Cuando empapaba su cabello oscuro con ese gel especial… ¡oh, cariño, ten cuidado! Su cabello resplandecía cuando recorría las bases. Estaba enamorada.

Puesto que había apodos secretos en mi familia, a él le puse el simpático apodo de *Brillante*. Suspiraba por él.

Como niña pequeña (pero muy alta) de diez años y medio, ya había empezado a formar mis propias ideas sobre el amor. Sin que nadie me lo enseñara, comencé a creer que el verdadero amor se basaba principalmente en los sentimientos.

Sin que nadie me lo enseñara, comencé a creer que el verdadero amor se basaba principalmente en los sentimientos.

Y, con eso, el carrusel comenzó a girar en mi corazón.

Empieza la secundaria

A medida que fuimos creciendo, nuestros flechazos de niñas pequeñas se convirtieron lentamente en flechazos de niñas grandes.

Nuestros primeros años de secundaria trajeron consigo un nuevo conjunto de preguntas y desafíos. La atracción magnética y el deseo de amor seguían presentes, pero se habían intensificado. En lugar de espiar a los chicos en el parque infantil o ver a los jugadores de béisbol correr por el campo, ahora hablábamos con los muchachos cara a cara.

Los muchachos comenzaron a fijarse en nosotras y a hablarnos. Nos prestaban atención de una manera nueva e interesante. Aprendimos rápidamente el arte del coqueteo "sutil" (a la manera de una joven cristiana) y sacábamos ventaja de la atención de todo muchacho que valiera la pena.

A pesar de que ambas tuvimos escolarización en casa, nuestra ciudad tenía un excelente programa para estudiantes escolarizados en el hogar con oportunidades para participar en deportes competitivos. Durante nuestros años de escuela secundaria, ambas jugamos baloncesto en los equipos escolares, por lo que pasábamos mucho tiempo en los campos de juego. ¿Adivina quiénes pasaban mucho tiempo en los campos de juego también? Jugadores de baloncesto muy altos y guapos. Dado que ambas somos muy altas (1,85 m), teníamos entre ojos a esos muchachos altos. Entre nosotras, nuestro hermano mayor y nuestras hermanas menores, pasábamos mucho tiempo viendo partidos y entrenamientos en varios gimnasios. Como consecuencia, ambas conocimos a muchos jóvenes guapos de esa manera.

Yo (Bethany) recuerdo claramente estar sentada en las gradas durante uno de los juegos de mi hermano, solo mirando a mi enamorado. Estaba sentado seis filas delante de mí, pero él no sabía que yo estaba detrás de él. Quería que se fijara en mí, así que hice lo que cualquier joven cristiana inocente haría: le arrojé mi zapato. Está bien. No se lo arrojé directamente a él, sino justo al lado de él. Por supuesto, como buen caballero, lo recogió y se dio la vuelta para ver de dónde venía. Y allí estaba yo, actuando inocentemente sorprendida de que se me "hubiera caído" el zapato.

Yo (Kristen) no me quedaba atrás. Poco después de obtener mi licencia de conducir, Bethany y yo nos dirigíamos a casa después de uno de nuestros torneos locales de baloncesto. Al pasar por algunos restaurantes, reconocí uno de los autos en el estacionamiento.

—¡Ese es el auto de Derek! —grité.

Estaba loca por ese muchacho. Derek y yo habíamos hablado pocas veces, pero me di cuenta de que le gustaba. Como una aspirante a piloto de NASCAR, reduje la velocidad e hice un giro en U en medio de la carretera, y me acerqué al estacionamiento del restaurante.

—Mira —le dije a Bethany mientras recuperaba el aliento—, entremos casualmente, veamos dónde está sentado y luego sentémonos en algún lugar cerca. No digamos nada. Solo veamos si me mira.

—Está bien —dijo Bethany sonriendo.

Entonces, entramos despreocupadamente. Derek me miró de inmediato. Sus amigos comenzaron a reírse y a hacerle bromas. Después de unos minutos, sus amigos se acercaron y me entregaron un papel con el número de teléfono de Derek. Eso fue todo. Era demasiado tímida para llamarlo, así que no pasó nada más. Misión cumplida. Supongo.

Cada vez más seria

Cuando comenzamos nuestros últimos años de escuela secundaria, las cosas comenzaron a ponerse más serias. En lugar de lanzar zapatos a los muchachos y hacer maniobras de NASCAR, comenzaron a suceder cosas más serias.

Yo (Kristen) hice que un muchacho al azar me persiguiera e intentara besarme durante una reunión del grupo juvenil de la iglesia. Bethany hizo que un amigo tratara de convencerla de besarse "solo por diversión". Un desconocido dejó una nota de amor en el parabrisas de mi auto para invitarme a una cita. Los muchachos nos enviaban cartas de amor sinceras, nos invitaban a fiestas y nos invitaban a salir.

Por primera vez, nos vimos obligadas a hacer un alto y evaluar nuestros límites y normas personales. ¿Cómo queríamos que fuera nuestra vida amorosa? ¿Qué decía la Palabra de Dios sobre todo esto?

Por primera vez, nos vimos obligadas a hacer un alto y evaluar nuestros límites y normas personales.

Por fortuna, nuestros padres vieron que sucedían estas cosas y nos llamaron aparte para hablar con nosotras. Como somos las mayores de cinco hermanas en nuestra familia, nuestros padres sabían que necesitaban ayudarnos a fijar límites. Era urgente. Dado que teníamos una buena relación con nuestros padres y realmente queríamos honrar a Dios en nuestras vidas, estábamos abiertas a escuchar su sabiduría y lo que tenían para decirnos.

Las dos, junto con nuestros padres, nos sentamos y tuvimos varias conversaciones sinceras y extraordinarias. Hablamos sobre el noviazgo, las relaciones amorosas, la pureza, la comunicación y los límites. Teníamos muchas preguntas, y nuestros padres estaban ansiosos por responderlas.

A medida que nuestros padres nos explicaban el plan de Dios para el noviazgo, el amor, la intimidad sexual y el matrimonio, nuestros ojos se abrieron a verdades más profundas. A ambas nos encantaba lo que estábamos aprendiendo y queríamos saber más. Dado que ambas éramos ávidas lectoras, fuimos a nuestra librería cristiana local y compramos varios libros recomendados sobre temas de amor, noviazgo y matrimonio.

Después de devorar esos libros, vimos con más claridad el propósito de Dios para el amor y el noviazgo. Todavía teníamos mucho por aprender, pero estábamos progresando. Comenzamos a percatarnos de las trampas de las salidas casuales con muchachos. Comenzamos a comprender los peligros de las relaciones románticas sin visión de futuro. Nos enfrentamos con preguntas como: "¿Por qué iniciar una relación romántica si eres demasiado joven para siquiera considerar el matrimonio?" O: "¿Por qué saldrías con alguien con quien nunca te verías casada?" Y: "Si edificas tu relación sobre los sentimientos, ¿qué sucede cuando los sentimientos desaparecen?".

Una pregunta tras otra inundó nuestras mentes. Al buscar respuestas en la Palabra de Dios, pudimos ver la sabiduría en lo que nuestros padres y esos libros nos decían. En ese momento, durante nuestros últimos años de secundaria, tomamos la decisión personal de no tener salidas casuales con muchachos. Vimos que era sabio esperar hasta ser un poco mayores para iniciar una relación de noviazgo. Queríamos ser cuidadosas con nuestras vidas amorosas. Queríamos honrar a Dios con nuestra pureza. No queríamos iniciar una relación a menos que tuviera el potencial de ser algo más.

Queríamos ser cuidadosas con nuestras vidas amorosas.

Después de Ryan y Justin

Dado que habíamos decidido evitar las salidas casuales con muchachos, no iniciamos relaciones serias hasta después de la secundaria. Y ahí es cuando Ryan y Justin entran en escena. Cada una de esas relaciones estuvo marcada por decisiones conscientes y propósito. Quisimos hacer partícipes a nuestros padres del proceso, porque queríamos su opinión y su sabiduría. Además, los límites físicos que habíamos fijado nos ayudaron a adoptar la pureza.

A pesar de que nos esforzamos por honrar a Dios en estas relaciones, todavía no teníamos todas las piezas del rompecabezas en su lugar. Sin darnos cuenta, estábamos cayendo en dos mentiras del método del carrusel: *concéntrate en tus sentimientos* y *encuentra tu satisfacción en tu novio*.

Sin saberlo, Bethany había depositado grandes expectativas en Justin, y Kristen había cometido el mismo error con Ryan. Ambas esperábamos que nuestro respectivo novio nos satisficiera por completo. Que suplieran todas nuestras necesidades. Que nos hicieran sentir seguras y felices todo el tiempo. Poco a poco, pero a paso firme, nuestros ojos se desviaron de Cristo y se pusieron sobre estos muchachos. Como consecuencia, para ambas las rupturas fueron mucho más devastadoras.

Solo hasta que ambas nos recuperamos por completo de nuestras rupturas nuestros ojos se abrieron a lo mucho que nos faltaba aprender. Ambas volvimos a la Palabra de Dios y vimos más claramente dónde nos habíamos equivocado.

Descubrimos que *con quién* nos casamos es tan importante como *por qué* nos casamos. Aprendimos que Cristo tiene que estar en el centro de nuestras relaciones para edificar una base de amor genuino como el de Cristo. Aprendimos que Dios no creó el matrimonio solo para nuestra felicidad, sino ante todo para su gloria.

Estas verdades eran profundas y sacudieron nuestro mundo. Desarrollaremos estas verdades en los próximos capítulos.

La experiencia de Bethany

Los meses y años que siguieron a mi relación con Justin fueron tiempos de gran crecimiento espiritual para mí. Dios me reveló áreas de egoísmo y orgullo en mi propio corazón. Me di cuenta de cuán fuera de lugar habían estado mis prioridades. Vi claramente cómo Justin se había convertido en un ídolo en mi corazón.

Dios no solo abrió mis ojos a mi propio pecado, sino que también expandió mi visión del noviazgo y el matrimonio.

Recuerdo específicamente escuchar un mensaje sobre las relaciones bíblicas que cambió radicalmente mi perspectiva. Ni siquiera recuerdo quién era el maestro de la Biblia, pero explicó verdades que cambiaron totalmente mi manera de ver las cosas.

En resumen, esto es lo que aprendí.

En lugar de solo buscar un buen muchacho cristiano para casarme, necesitaba ser más consciente de todo lo que implicaba el matrimonio. El solo hecho de que un hombre fuera cristiano no significaba automáticamente que fuera una buena opción para mí (o que yo fuera una buena opción para él). Los buenos matrimonios son mucho más que dos buenos cristianos que se casan. Dado que el propósito del matrimonio es glorificar a Dios y servirlo *juntos*, me di cuenta de que necesitaba casarme con un hombre con el que pudiera servir mejor al Señor.

> Descubrimos que con quién nos casamos es tan importante como por qué nos casamos.

Esta nueva perspectiva cambió mi manera de evaluar las "opciones". Cambió mi manera de orar por mi futuro esposo. En lugar de fijarme nada más en el carácter de un muchacho, comencé a fijarme en su visión. Sus pasiones. Su propósito en la vida.

¿A dónde se dirige este muchacho en la vida? ¿Es el reino de Dios una prioridad para él? ¿Compartimos pasiones similares en la vida? ¿Podría apoyar su visión como esposa y compañera de vida? ¿Haríamos mejor equipo juntos que separados?

Estas nuevas ideas me dejaron boquiabierta y ampliaron en gran manera mi visión del matrimonio.

A medida que mi perspectiva crecía y maduraba, Kristen aprendía también cosas similares. Sin embargo, su camino dio un giro un poco diferente. En la providencia de Dios, resultó ser que se topó con cierto joven llamado Zack Clark.

La experiencia de Kristen

Al igual que con Bethany, Dios llevaba a cabo una renovación importante en mi corazón. Yo también empecé a entender mejor cómo era el verdadero amor, centrado en Cristo. Comencé a orar por mi futuro esposo de forma más profunda y específica. Aprendí a valorar los consejos sabios y las recomendaciones piadosas para mis relaciones amorosas. También me di cuenta de que los sentimientos son pésimos guías para las relaciones.

Estoy muy agradecida de que Dios abriera mis ojos a estas verdades en ese momento, porque me preparó en gran manera para lo que estaba por suceder. No tenía idea de que pronto conocería a mi futuro esposo.

Todavía recuerdo la primera vez que vi a Zack Clark. Había asistido a una conferencia cristiana cerca de Dallas. Zack estaba sentado diez filas delante de mí, y todo lo que podía ver era la parte posterior de su cabeza. Sin embargo, me llamó la atención. Era alto y de constitución atlética, y tenía el cabello rubio arena. Me atrajo de inmediato.

No tenía idea de que pronto conocería a mi futuro esposo.

A lo largo de la conferencia, nuestras miradas se cruzaron docenas de veces. Su tez bronceada complementaba su hermoso rostro. Estaba luchando seriamente por concentrarme en los oradores de la conferencia.

Finalmente, nos encontramos en la tarde del último día. Estaba saliendo con unas amigas cuando él se acercó a mí y se presentó. Fue amable y encantador. Conversamos durante algunos minutos, y luego descubrimos que ambos vivíamos en San Antonio. Mi corazón literalmente saltó de mi pecho. *¿Vive en San Antonio?* Quería gritar de emoción. Aquella noche cuando nos separamos, apenas pude contener los aleteos de las mariposas en mi estómago.

Tan emocionante como fue aquella noche, estaba a punto de recibir una muy buena lección de paciencia.

Para mi desconsuelo, nada serio sucedió entre Zack y yo durante varios años. Sí. *Años*. Éramos amigos, sí, y podía decir que estaba interesado en mí, pero eso era todo. Nada más. Cuando llegó el tercer año, me pregunté seriamente si iba a pasar algo entre nosotros. Digamos que Dios me enseñó mucho sobre la confianza y la rendición durante esos años. ¿Y sabes qué? Eso es exactamente lo que más necesitaba. Dios me mostró que no necesitaba un hombre en mi vida para sentirme plena, sino que podía sentirme totalmente plena en mi relación con Cristo. Aprendí que la soltería no era una etapa que tenía que superar, sino un tiempo de oportunidades para glorificar a Dios de una manera única y productiva.

Aunque resultaron difíciles para mí, esos años fueron de mucho provecho. Nuestra amistad casual nos dio la oportunidad de conocernos de una forma no romántica. Pudimos vernos en situaciones normales y cotidianas, y observar cómo interactuábamos con los demás.

Cuanto más conocía a Zack, más podía ver que nuestras vidas, visiones, personalidades y pasiones se alineaban. Su carácter piadoso se volvió aún más atractivo que su apariencia para mí. Era respetuoso, amable, genuino y un completo caballero. Amaba a Dios y a los demás, y pude ver claramente esos aspectos en él.

Solo que yo no estaba segura de lo que *él* pensaba.

Hasta que un cálido día de septiembre, todo cambió. Zack me llamó. Con el corazón a punto de derretirse, conversamos casualmente por unos minutos. Luego él llevó la conversación a un nivel más profundo. Me contó que había querido iniciar una relación conmigo antes, pero le aconsejaron que esperara hasta terminar la universidad. Explicó que la espera había sido extremadamente difícil para él. Podía identificarme totalmente con él.

Luego, como un verdadero caballero, me explicó dulcemente que no quería jugar con mi corazón. Deseaba honrar a Dios y honrarme a mí. Expresó que quería conocerme con la intención de ver si él y yo nos complementábamos bien para el matrimonio. Eso fue un gran alivio para mí. Nunca tuve que preguntarme cuáles eran sus prioridades. Siempre lo supe.

Zack y yo iniciamos una relación responsable y consciente. Durante los siguientes diez meses, llegué a amar profundamente a este joven increíble.

Desvelaré más detalles de nuestra relación en los próximos capítulos. Por ahora, permíteme decir esto: buscar un noviazgo cuyo centro es Cristo fue determinante en mi relación con Zack. También fue clave rodearnos de consejos piadosos y ser responsables ante otros. Comprender el hermoso diseño de Dios para el amor, el noviazgo y el matrimonio nos permitió encarar nuestra relación con claridad como nunca antes.

Dónde estamos hoy

Cuando miramos atrás, y vemos nuestro recorrido desde los flechazos de niñas pequeñas a las relaciones de niñas grandes, no podemos evitar sonreír. Dios ha hecho una gran obra en nuestros corazones y en nuestras vidas, ¡y estamos agradecidas! Como resultado de buscar la verdad en la Biblia, hemos aprendido a desenvolvernos mejor en nuestras vidas amorosas para la gloria de Dios. Sin embargo, nuestro camino no ha terminado. Incluso hoy, Dios continúa trayendo convicción a nuestros corazones y abriendo nuestros ojos a sus verdades de manera más profunda. Y es emocionante.

Dios quiere enseñarte las verdades poderosas de su Palabra.

Tú también estás recorriendo un camino con la lectura de este libro. Dios quiere enseñarte las verdades poderosas de su Palabra. Quiere llevarte de los flechazos de una niña a un corazón y una vida maduros y centrados en Cristo. Quiere ampliar tu visión sobre el amor y las relaciones. Quiere mostrarte cómo honrarlo mejor en tu vida amorosa.

CAPÍTULO 4

GUÍA DE ESTUDIO

"Dios quiere llevarte de los flechazos de una niña a un corazón y una vida maduros y centrados en Cristo".

1. ¿Recuerdas tu primer flechazo? ¿Qué te atrajo de él?

2. ¿Cómo ha cambiado tu perspectiva sobre el amor y el noviazgo desde los días de tu primer flechazo?

3. ¿Qué fue lo que más te llamó la atención sobre la experiencia de Bethany en sus relaciones?

4. ¿Qué fue lo que más te llamó la atención sobre la experiencia de Kristen en sus relaciones?

HAZLO *personal*

De todas las parejas casadas que conoces actualmente, ¿cuáles admiras más y por qué? Elige una de esas parejas, y envíales una carta escrita a mano para agradecerles el ejemplo que has recibido de ellos.

5. EL PUNTO CENTRAL DEL AMOR, EL MATRIMONIO Y EL SEXO

Hace muchos, muchos años sucedió una historia de amor espectacular. De hecho, fue la primera historia de amor de la historia. Dios mismo creó la pareja perfecta.

Es fácil leer la historia de Adán y Eva en Génesis y pasar de largo sin reparar en ella. Pero si nos detenemos veremos de inmediato cuán romántica es realmente.

Imaginemos cómo pudo haberse desarrollado la escena. Adán es el único humano en todo el planeta (ver Génesis 2:7). Nunca ha visto a otro humano. Tras dedicarse sin descanso a poner nombre a cada animal, se percata de algo. Cada animal tiene una pareja perfecta, pero él no tiene ninguna (ver Génesis 2:20). Adán observa al último par de animales salir al trote, y su soltería se vuelve dolorosamente obvia. Un intenso anhelo de compañía lo invade mientras observa el entorno animado a su alrededor. Ve por doquier parejas perfectamente complementarias. Cada animal tiene una pareja. Él no tiene ninguna. A medida que esta realidad inunda su mente, siente un profundo anhelo de una pareja. Ansía compartir su vida con alguien. ¿Pero con quién? Al observar una vez más su entorno animado, se pregunta si alguna vez encontrará a su pareja perfecta.

Mientras el sol se mueve lentamente en el cielo, algo está a punto de cambiar. El Creador del universo tiene un plan. La historia de amor más romántica de todos los tiempos está a punto de desarrollarse.

Dios ve. Dios sabe.

Después de hacer caer sueño profundo sobre Adán, Dios hace a la criatura más bella e impresionante de todas. De una de las costillas de Adán, Dios forma de manera intrincada la última obra de su creación.

La historia de amor más romántica de todos los tiempos está a punto de desarrollarse.

Adán se frota los ojos soñolientos y luego se queda *pasmado*. Sus ojos se posan en esta nueva e impresionante criatura que está frente a él. Sus ojos suaves y encantadores le devuelven la mirada. Al darse cuenta de quién es ella, el rostro de Adán desborda de alegría. Salta del suelo y exclama emocionado: "Esto es ahora hueso de mis huesos y carne de mi carne; ésta será llamada Varona, porque del varón fue tomada" (Génesis 2:23). Con un tierno abrazo a su novia, Adán cierra los ojos y sonríe. *Dios siempre había tenido un plan.*

El amor apasionado fue idea de Dios

La primera historia de amor. Una obra maestra de Dios mismo. Esta hermosa y verdadera historia de Adán y Eva demuestra que Dios no solo es un buen casamentero, sino también un verdadero romántico de corazón. A Dios se le ocurrió la invención espectacular del matrimonio y el sexo (ver Génesis 2:24-25; Efesios 5:31). Estos son hermosos regalos que vienen directamente de sus manos.

Sin embargo, a pesar de este impresionante precedente, como mujeres cristianas no solemos ver a Dios como experto en estos temas. No buscamos en su Palabra las respuestas a nuestras preguntas. En lugar de ver a Dios como nuestro punto de partida para obtener sabiduría sobre el amor y el noviazgo, nos sentimos inclinadas a creer que Él es una especie de aguafiestas romántico.

> La Palabra perfecta de Dios contiene más sabiduría que todas las películas para mujeres y novelas románticas combinadas.

Sin embargo, en realidad no podría estar más lejos de la verdad.

En lugar de buscar consejos en revistas populares, debemos acudir al Autor mismo. La Palabra perfecta de Dios contiene más sabiduría que todas las películas para mujeres y novelas románticas combinadas. Si nos sometemos a Dios aprenderemos a edificar relaciones y matrimonios centrados en Cristo que glorifiquen a Dios.

Sin importar lo que hayas experimentado, observado o aprendido en el pasado sobre el amor, el matrimonio y el sexo, te animamos a tener una mente abierta mientras lees este capítulo.

Antes de sumergirnos en el espectacular diseño de Dios, tómate un momento para hacer la siguiente oración.

Amado Dios:

Gracias por crearme y por darme tu Palabra perfecta. Confieso que no siempre considero tu Palabra como mi fuente de verdad y sabiduría sobre el amor, el matrimonio y el sexo. Te ruego que me perdones y me des un corazón de humildad para que hoy pueda aceptar tu verdad en mi vida. Abre mis ojos para que pueda ver las mentiras que creo, y ayúdame a rechazarlas. Gracias por ser el Dios de redención y perdón. Ayúdame a aceptar tu verdad desde ahora en adelante.

Amén.

El amor definido por Dios

Yo (Kristen) escuché la historia de una pareja que había estado casada por más de setenta años. A los noventa años, la esposa comenzó a perder la vista. Cuando cumplió noventa y tres años, se quedó completamente ciega.

Consciente de lo espantoso y difícil que era para su esposa, el marido estuvo a su lado en todo momento. Conversaba tiernamente con ella, oraba con ella, le cantaba, le cocinaba y peinaba su cabello quebradizo. Con las manos arrugadas de su esposa entre las suyas, le susurraba suavemente: "Te amo más que a la vida misma". Sin poder verlo, ella sonreía y decía: "Y yo te amo aún más".

Día tras día. Semana tras semana. Mes tras mes. El marido se quedó al lado de su esposa. La atendía. La amaba. Su profunda comprensión del fiel amor de Dios por él alimentaba su amor abnegado. Al haber experimentado el amor sacrificial de Dios por él durante más de noventa años, este anciano se sintió impulsado a amar a su esposa de la misma manera.

Un día, el nieto del hombre estaba de visita y le preguntó: "Abuelo, ¿no te cansas de estar sentado con la abuela todo el día?".

Mientras miraba a lo lejos, el abuelo se detuvo por un momento y luego dijo pausadamente: "Hijo, ella ha estado fielmente a mi lado durante los últimos setenta años, y me ha mostrado el amor sacrificial de Cristo. Ahora es mi turno de estar fielmente a su lado".

Amor verdadero. Eso es. Exactamente.

Como mujeres modernas, nuestra sociedad nos ha impuesto una definición muy distinta del amor. Pensamos en el amor como un sentimiento emocional, una chispa mágica o una atracción química. Sin embargo, como vimos en los pasos del método del carrusel, es una concepción superficial del amor.

En lugar de basar nuestro amor en lo que la otra persona hace por nosotras, debemos aprender el arte del amor sacrificial, como aquel anciano. En lugar de basar nuestro amor en algo tan inestable como nuestros sentimientos y nuestras emociones, necesitamos una base firme de amor verdadero y bíblico.

Si queremos algo mejor para nuestras vidas amorosas, nuestras relaciones deben edificarse sobre la base inquebrantable del amor definido por Dios.

Miremos al Autor del amor

Esta dulce pareja de ancianos conocía el secreto del amor duradero. Por eso su matrimonio permaneció más de setenta años. Si deseas un esposo que te tome de las manos fielmente durante los años más frágiles de tu vida, debes casarte con un hombre que entienda este tipo de amor sacrificial y centrado en Cristo. Y si quieres servir y amar fielmente a tu esposo hasta su último aliento, también debes entender cómo dar ese tipo de amor.

Para comprender verdaderamente cómo es el amor definido por Dios, debemos ir al propio Autor del amor. La Biblia dice: "Dios es amor" (1 Juan 4:8). Dado que Dios es literalmente la definición del amor, podemos aprender a amar al ver su carácter y sus acciones.

Según Romanos 5:8: "Mas Dios muestra su amor para con nosotros, en que siendo aún pecadores, Cristo murió por nosotros". Jesús, el Rey del universo, sacrificó su vida para que pudiéramos tener vida eterna. Jesús renunció a las gloriosas perfecciones del cielo para sufrir la muerte de un delincuente en nuestro lugar. Esto es verdadero amor. El amor definido por Dios no se basa en el interés personal, sino en el sacrificio personal.

> El amor definido por Dios no se basa en el interés personal, sino en el sacrificio personal.

"El mundo nos lleva a la pantalla grande donde se proyectan imágenes de pasión y romance y, mientras las observamos, el mundo nos dice: 'Esto es amor'. Dios nos lleva al pie de un madero donde cuelga un hombre desnudo y ensangrentado, que nos dice: '*Esto* es amor'".[1]

---

1. Joshua Harris, *I Kissed Dating Goodbye* (Colorado Springs: Multnomah, 2000), p. 67. Publicado en español con el título: *Le dije adiós a las citas amorosas*, por Editorial Unilit, 23 de marzo de 2015.

Jesús nos mostró su amor a través de sus acciones sacrificiales. El verdadero amor es una acción, no es un sentimiento emocional. La palabra que más se usa en la Biblia para referirse al amor es la palabra griega *ágape*. Se usa 259 veces, y en esencia significa "sacrificio personal".

Como Timothy Keller expresa muy bien: "En total contraste con nuestra cultura, la Biblia enseña que la esencia del matrimonio es un compromiso en voluntario sacrificio por el bien del otro. Eso significa que el amor es fundamentalmente acción antes que emoción".[2]

Por ejemplo, yo (Kristen) puedo repetirle a Zack hasta el cansancio que lo amo, pero hasta que no ponga mi amor en acción, no será creíble.

El amor ágape es la base de las relaciones duraderas que honran a Cristo.

Vivamos el verdadero amor

Pasemos ahora a lo práctico. Es mucho más fácil "saber" lo que es el amor ágape que vivirlo. ¿Cómo podemos, como mujeres, saber si nuestras relaciones están marcadas por el amor sacrificial? ¿Cómo se manifiesta el amor ágape en la vida cotidiana? Felizmente, la Biblia nos brinda ayuda práctica.

La lista que sigue a continuación es una buena herramienta que te ayuda a medir si tus relaciones amorosas están basadas en el tipo correcto de amor.

EL AMOR DEFINIDO POR DIOS...

ES HONROSO (VER 1 PEDRO 2:17)
ES BENIGNO (VER 1 CORINTIOS 13:4)

---

2. Timothy Keller, *The Meaning of Marriage* (Nueva York: Penguin, 2011), p. 83. Publicado en español con el título: *El significado del matrimonio*, por B&H Publishing Group, 2017.

ES PURO (VER FILIPENSES 4:8)
EJERCE AUTOCONTROL (VER 1 TESALONICENSES 4:4-5)
ES PACIENTE (VER GÁLATAS 6:9)
SE ENFOCA EN EL OTRO (VER JUAN 15:12)
TIENE VISIÓN DE FUTURO (VER HEBREOS 12:1-2)
ES FIEL (VER PROVERBIOS 3:3-4)
SABE CONTENERSE (VER 1 TESALONICENSES 4:3)

El amor definido por Dios es hermoso, fuerte, convincente, fiel y poderoso. El amor ágape es el polo opuesto de lo que nuestros corazones pecaminosos están naturalmente dispuestos a dar. Sin embargo, el poder de Cristo nos da la fuerza para amar a los demás de esta manera.

El matrimonio definido por Dios

Crecer en una familia con ocho hijos ha sido una aventura divertida y descabellada para las dos. ¡Nos encantó! Nuestros hermanos se cuentan entre nuestros mejores amigos. Por maravillosos que sean nuestros hermanos, nuestra familia no sería lo que es si no fuera por dos personas: nuestra madre y nuestro padre. Su fidelidad y compromiso mutuo, y con Dios, es lo que ha fortalecido a nuestra familia. Con treinta y cinco años de matrimonio, nuestros padres nos han mostrado cómo es el amor duradero. Nos han dado el atípico regalo de ser testigos de un matrimonio definido por Dios. Incluso en sus errores, nos han dado el ejemplo de perdón y amor sacrificial entre ellos.

Con treinta y cinco años de matrimonio, nuestros padres nos han mostrado cómo es el amor duradero.

Por más agradecidas que estemos por el matrimonio de nuestros padres, sabemos que esa no es la norma en la sociedad actual. Muchos no crecen hoy con padres que han sido ejemplo del amor definido por Dios entre ellos. Con tantos matrimonios destruidos (o parejas que nunca se casan), muchas mujeres modernas jamás han visto un matrimonio bíblico en acción. El matrimonio ha sido una imagen de disfunción, no de belleza.

Sin ejemplos piadosos, como mujeres modernas nos resulta difícil saber cómo edificar matrimonios sólidos. Nuestra definición de matrimonio es un remiendo a partir de la experiencia personal o de los ejemplos descompuestos de la cultura.

Para edificar matrimonios centrados en Cristo, tenemos que profundizar en el plan y el propósito original de Dios para el matrimonio.

La primera boda

Sin un lugar elegante, sin vestido de novia ni pastel costoso, se llevó a cabo la primera boda. La boda de Adán y Eva fue tan natural como podía llegar a ser. Rodeados de animales, flores de colores y a cielo abierto, Adán tomó a Eva como esposa. Dios mismo entregó a Eva a su nuevo esposo (ver Génesis 2:22). Sin dudarlo, el novio recibió a su novia con gran alegría. Dios bendijo a la pareja de recién casados y les dio una comisión: "Y los bendijo Dios, y les dijo: Fructificad y multiplicaos; llenad la tierra, y sojuzgadla, y señoread en los peces del mar, en las aves de los cielos, y en todas las bestias que se mueven sobre la tierra" (Génesis 1:28). Así se celebró el primer matrimonio.

El matrimonio. Una magnífica institución que Dios mismo creó. Comprender *qué* es el matrimonio debe ser nuestro punto de partida. John Piper nos ayuda a comprenderlo mejor: "En el principio, Dios creó al hombre y la mujer con el propósito de que se casaran y que ambos se convirtieran en una sola carne. Entonces el Señor hizo a la mujer de la costilla del hombre, y luego Adán dice en Génesis 2:23: 'Esto es ahora hueso de mis huesos y carne de mi carne; ésta será llamada Varona, porque del varón fue tomada'. He aquí el versículo clave, que tanto Jesús como Pablo citan: 'Por tanto, dejará el hombre a su padre y a su madre, y se unirá a su mujer, y serán una sola carne' (Génesis 2:24). Jesús y Pablo subrayan este versículo para que comprendamos el significado del matrimonio hoy día".[3]

El matrimonio. Una magnífica institución que Dios mismo creó.

Dios nos dio Génesis 1 y 2 para que pudiéramos ver cómo está estructurado el verdadero matrimonio. Un hombre. Una mujer. Para toda la vida. Ese es el plan bueno y santo de Dios para el matrimonio. Cuando entendemos *qué* es el matrimonio, el siguiente paso es entender *por qué* Dios lo creó. Podría haber creado lo que quisiera… pero escogió a un hombre y a una mujer para representar esta santa unión.

Comprender el por qué lo cambia todo.

¿Por qué el matrimonio?

Cuando Dios unió a Adán y Eva, tenía en mente un plan espectacular. Un plan mucho más grande que el matrimonio en sí. Como Dios lo sabe todo, planeó la unión del matrimonio con el futuro en mente. Dios sabía que Adán y Eva iban a pecar. Dios sabía que la humanidad iba a corromperse. Dios sabía que el mundo iba a necesitar un Salvador. En su poder omnisciente, Dios creó el matrimonio para contar una historia increíble. Una historia acerca de Él mismo.

En una pared de mi casa, yo (Kristen) tengo un hermoso cuadro pintado a mano de una escena montañosa. Cada vez que veo ese cuadro, anhelo sentir el aire fresco de las montañas de Colorado (mi segundo estado favorito después de Texas). Este hermoso cuadro es una magnífica representación de las montañas que amo. Refleja una bella imagen. Sin embargo, aunque me encante esa imagen, es solo una representación.

3. John Piper, "'May I Have Two Wives?' Six Vetoes", Desiring God, 17 de mayo de 2016, http://www.desiringgod.org/interviews/may-i-have-two-wives-six-vetoes.

Dios creó el matrimonio para que funcione exactamente de la misma manera.

El matrimonio, por más hermoso que sea, es solo una imagen de algo *superior*. Es una representación terrenal de algo mucho más grandioso. Dios colocó la institución del matrimonio en las paredes de este mundo como una representación del evangelio.

POR ESTO DEJARÁ EL HOMBRE A SU PADRE Y A SU MADRE, Y SE UNIRÁ A SU MUJER, Y LOS DOS SERÁN UNA SOLA CARNE. GRANDE ES ESTE MISTERIO; MAS YO DIGO ESTO RESPECTO DE CRISTO Y DE LA IGLESIA (EFESIOS 5:31-32).

El mayor propósito de Dios al crear el matrimonio es mostrar al mundo una representación terrenal de la relación de pacto de Cristo con su Iglesia. Cristo es el novio y la Iglesia es su novia. Como Timothy Keller expresa en su libro *El significado del matrimonio*: "Este es uno de los grandes propósitos de Dios para el matrimonio: ¡representar la relación entre Cristo y su pueblo redimido para siempre!".[4]

Como nos muestra Efesios 5, el papel del esposo es reflejar la imagen de Cristo mismo, y el papel de la esposa es reflejar la imagen de la Iglesia. Cristo (nuestro novio celestial) vino a esta tierra, buscó a su novia (la Iglesia), sacrificó su vida por ella, hizo un pacto eterno con ella (una promesa que no se puede romper) y le dio un nuevo nombre (pueblo de Dios). Así como Cristo amó, buscó a su novia y se sacrificó por ella, los esposos están llamados a hacer lo mismo por sus esposas.

En el matrimonio, el hombre está llamado a amar a su esposa con abnegación. Guiarla en sabiduría. Sacrificarse por su bien. "Porque el marido es cabeza de la mujer, así como Cristo es cabeza de la iglesia… Maridos, amad a vuestras mujeres, así como Cristo amó a la iglesia, y se entregó a sí mismo por ella" (Efesios 5:23, 25).

4. Keller, *Meaning of Marriage*, p. 42.

Por otro lado, la mujer está llamada a responder al liderazgo de su esposo, así como la Iglesia responde a Cristo. La mujer está llamada a respetar fielmente a su esposo. Aceptar su liderazgo en el hogar. Acompañarlo en la obra del reino. "Así que, como la iglesia está sujeta a Cristo, así también las casadas lo estén a sus maridos en todo… y la mujer respete a su marido" (Efesios 5:24, 33).

Comprender el matrimonio a través del lente del evangelio es esencial para nosotras como mujeres cristianas. Cuando un hombre y una mujer cumplen sus roles de género únicos dentro del pacto matrimonial, exhiben la gloria del evangelio conforme a la voluntad de Dios. Mostramos al mundo perdido y roto una imagen de Cristo y su amor por su novia (la Iglesia) que de otra manera no se vería. Como mujeres cristianas, nuestro propósito principal al casarnos debería ser glorificar a Dios. "Como cristianos, no creemos que un matrimonio feliz sea el objetivo principal de la vida, sino glorificar a Dios".[5] Como mujeres, glorificamos más a Dios cuando comprendemos y vivimos el rol único que nos ha asignado como mujeres y esposas. Descubriremos más sobre nuestro hermoso y único rol en el próximo capítulo.

Las Escrituras también revelan otros propósitos maravillosos para el matrimonio.

- COMPAÑÍA (VER GÉNESIS 2:18)
- INTIMIDAD SEXUAL (VER GÉNESIS 2:24)
- TENER UN COMPAÑERO PARA TODA LA VIDA (VER PROVERBIOS 2:17)
- TENER HIJOS (VER GÉNESIS 1:28)

El matrimonio es una unión espectacular creada por Dios mismo. El deseo de casarnos para la gloria de Dios es un deseo maravilloso y bíblico. "El que halla esposa halla el bien, y alcanza la benevolencia de Jehová" (Proverbios 18:22).

5. Thomas, *Sacred Search*, p. 221.

Considerar el matrimonio con un corazón abnegado y la perspectiva del evangelio es la clave para edificar una relación hermosa que exalte a Cristo.

El sexo definido por Dios

Dios es el creador del sexo; es *su* brillante invento. Así como Dios creó el amor y el matrimonio, también es el autor de la intimidad sexual. No es algo sucio. No es indebido. No es pecaminoso. Es un diseño espectacular de Dios para que los cónyuges lo disfruten dentro del matrimonio (ver Génesis 2:24; Hebreos 13:4). Como señala el Dr. Albert Mohler: "El placer sexual no es un accidente de la biología humana, es uno de los regalos más dulces del Creador para los seres humanos".[6]

Dios es el creador del sexo; es su brillante invento.

Aunque el sexo es parte del buen diseño de Dios, a menudo despierta sentimientos encontrados entre las mujeres cristianas. Algunos son negativos. Algunos son positivos. Algunos no son ni lo uno ni lo otro. Según la manera como te criaron, las cosas que has experimentado y las decisiones que has tomado, es probable que tu perspectiva sobre el sexo haya sido influenciada hacia una u otra dirección:

1. VES EL SEXO COMO ALGO SUCIO, VERGONZOSO Y BOCHORNOSO, Y NO TE HACE PRECISAMENTE ILUSIÓN VIVIRLO EN EL MATRIMONIO.
2. VES EL SEXO COMO ALGO MARAVILLOSO Y POSITIVO QUE DEBES EXPERIMENTAR AHORA MISMO SIN NINGÚN LÍMITE NI RESERVA.

6. Albert Mohler, "The Bible on Sex—The Way to Happiness and Holiness", AlbertMohler.com, 25 de marzo de 2004, http://www.albertmohler.com/2004/03/25/the-bible-on-sex-the-way-to-happiness-and-holiness/.

Estas dos perspectivas son completamente opuestas, y ambas son equivocadas. En lugar de inclinarnos demasiado en una u otra dirección, necesitamos buscar el centro. Necesitamos adoptar una perspectiva equilibrada, positiva y bíblica sobre el sexo.

Independientemente de lo que sientas sobre este tema en este momento, te alentamos a permitir que Dios obre en tu corazón mientras lees este capítulo. Pídele que te ayude a rechazar cualquier mentira que hayas creído y que, en cambio, puedas aceptar su verdad en esta área de tu vida.

Una importante verdad fundamental, que como mujeres solteras debemos comprender, es que Dios nos creó para ser seres sexuales. No nos convertimos mágicamente en seres sexuales cuando nos casamos. Somos seres sexuales desde el momento que nacemos. A pesar de lo que puedas sentir a veces, tu diseño sexual no es una maldición, sino un aspecto hermoso del buen plan de Dios. Tu deseo de intimidad en realidad apunta a algo mucho más profundo. "Detrás de tu sexualidad está el impulso y el deseo de ser conocida y amada. Dios te creó como un ser sexual para que puedas entender lo que significa anhelar, desear y ansiar la unión íntima. Tienes deseos de compartir tu corazón, alma y cuerpo con otra persona, porque Dios te hizo una mujer profundamente relacional y espiritual. Sin embargo, tu mayor necesidad de intimidad es conocer al Dios que te creó".[7]

Cuanto más comprendas el diseño espectacular de Dios para el sexo, más preparada estarás para glorificarlo en esta área. Así como una flor prospera dentro del contexto correcto (buena tierra, abundante luz solar y cantidad adecuada de lluvia), el regalo del sexo prosperará mejor (como Dios lo diseñó) dentro de su contexto adecuado.

Dios nos dio todo el libro del Cantar de los Cantares para

---

7. Julie Slattery, *Sex and the Single Girl* (Chicago: Moody, 2016), p. 19. Publicado en español con el título: *El sexo y la chica soltera,* por Editorial Unilit, 2018.

mostrarnos la belleza del sexo marital apasionado y puro. Como lo expresa Timothy Keller: “El libro del Cantar de los Cantares exalta sin vergüenza los deleites del amor sexual en el matrimonio”.[8] Muchos estudiosos de la Biblia creen que el Cantar de los Cantares es la verdadera historia de amor entre Salomón y su primera esposa (la doncella sulamita). Este hermoso poema de amor comienza con la fase de “cortejo” de la relación, donde la pareja expresa y corresponde su amor mutuo (ver 1:2–3:5). Luego, su historia de amor pasa a la etapa de la boda, donde la novia y el novio se unen y comparten juntos su primera noche de pasión sexual (ver 3:6–5:1). Y luego, finalmente, el final del poema refleja una imagen vívida de su matrimonio, donde muestra las realidades de una pareja que supera un conflicto, se reconcilia y crecen juntos en gracia (ver 5:2–8:14). El Cantar de los Cantares es una historia de amor sincera y hermosa que debería prepararnos y entusiasmarnos con el diseño de Dios para la pasión sexual en el matrimonio.

A pesar de lo que puedas sentir a veces, tu diseño sexual no es una maldición, sino un aspecto hermoso del buen plan de Dios.

El libro nos muestra gráficamente que Dios creó de manera específica e intencional el regalo del sexo para el disfrute exclusivo en el contexto del matrimonio (ver Cantares 4:1-16). Dios no hizo el regalo del sexo para que lo disfruten las personas solteras (ver Marcos 10:6-8). ¿Por qué? Porque así como la unión matrimonial refleja el evangelio, también lo hace la intimidad sexual. A pesar de lo íntimo que es el acto físico sexual, es solo una “imagen” de la preciada relación de pacto que Cristo tiene con su Iglesia. La intimidad sexual es el acto *más* íntimo que experimentamos como seres humanos, y aun así es solo una imagen del insondable amor de Dios por nosotros.

Como explica la autora Jennifer Strickland, “*yadá* es la palabra

8. Keller, *Meaning of Marriage*, p. 254.

hebrea para 'conocer', como en 'conoció Adán a su mujer Eva, la cual concibió y dio a luz a Caín' (Génesis 4:1). *Yadá* implica conocerla en lo más profundo, respetarla por completo, conectarse con ella emocionalmente. Yadá significa que Adán conoció a Eva en lo más profundo. Yadá es la razón por la cual el sexo es mejor en el matrimonio, porque tiene que ver con un profundo respeto y conocimiento emocional, el tipo de amor duradero que Dios tiene por ti. Entonces, si el sexo es yadá, no hay nada casual en el sexo".[9]

Dios creó intencionalmente el acto sexual para que sea poderoso y consolide la unión en el matrimonio. Es como un imán que constantemente atrae al marido y a la mujer el uno hacia el otro. "El sexo es quizás la forma más poderosa creada por Dios para que puedas entregarte por completo a otro ser humano. El sexo es la forma que Dios ha diseñado para que dos personas se digan una a la otra: 'Te pertenezco por completo, para siempre y de manera exclusiva'".[10] Este acto íntimo de conocer a otro ser humano sexualmente crea un profundo vínculo físico, emocional y espiritual. Dentro del matrimonio, este vínculo profundo es algo hermoso. Cuando un marido y su esposa disfrutan generosamente de la intimidad sexual dentro de un matrimonio de pacto, se unen aún más. En este contexto, el sexo es puro, santo, capaz de unir y libre de toda vergüenza.

Dios creó intencionalmente el acto sexual para que sea poderoso y consolide la unión en el matrimonio.

Sin embargo, fuera del matrimonio, el sexo produce a menudo el efecto contrario. Crea una falsa sensación de amor que se alimenta de un anhelo perpetuo de algo más. "El sexo fuera del matrimonio, tarde o temprano, funciona al revés, algo que *mina* tu

9. Jennifer Strickland, "How Writing a Book about Sex Taught Me the Secret to Love", GirlDefined, 15 de agosto de 2016, https://www.girldefined.com/writing-book-sex-taught-secret-love.

10. Keller, *Meaning of Marriage*, p. 257.

capacidad de comprometerte con tu pareja y de confiar en ella".[11] Nunca traerá las bendiciones que Dios diseñó. No puede. El sexo fuera del matrimonio no es santo ni bello, sino pecaminoso y distorsionado (ver Hebreos 13:4). Ninguna relación (sin importar cuán apasionada parezca) puede prosperar como Dios diseñó mientras sea contraria al diseño bíblico. Es esencial que como mujeres cristianas comprendamos que el plan de Dios para la abstinencia es realmente para nuestro propio bien. "La Biblia no aconseja la abstinencia sexual antes del matrimonio porque tiene una mala opinión del sexo, sino porque lo tiene en alta estima. La noción bíblica implica que el sexo fuera del matrimonio no solo es moralmente condenable, sino también personalmente nocivo".[12] Los límites que Dios ha establecido para las personas solteras están motivados por el amor, porque Él se preocupa por nosotras. En lugar de creer las mentiras o dar rienda suelta a nuestros deseos, debemos tomar en serio lo que Dios dice. Debemos confiar en que nuestro Creador sabe lo que es mejor para nosotras. Debemos creer que sus caminos realmente son para nuestro bien. Su plan y el marco divino para el sexo son mejores que cualquier deseo de nuestros corazones pecaminosos.

Estas son solo algunas de las increíbles bendiciones y beneficios del sexo dentro del matrimonio:

- UN PLACER SEXUAL APASIONADO
- UNA PODEROSA UNIDAD MATRIMONIAL
- HIJOS QUE NACEN DENTRO DE LA FAMILIA
- UN VÍNCULO DE PACTO PURO
- PODER CONOCER ÍNTIMAMENTE A TU CÓNYUGE

Sin embargo, en todo esto, debemos recordar una verdad de suma importancia: el sexo no es la respuesta a nuestra felicidad.

11. Ibíd., p. 260.
12. Ibíd., p. 259.

El sexo no es el premio máximo por casarnos. Como mujer soltera, ten cuidado de caer en la mentira de que la futura intimidad sexual satisfará todas tus necesidades. No lo hará. No puede. Por increíble que sea la intimidad sexual, nuestra mayor necesidad no es el sexo, sino la intimidad espiritual con nuestro Salvador. Sea soltera o casada, la mayor necesidad de una mujer solo será saciada cuando camine fielmente en una relación con Cristo. Y eso puede suceder ahora mismo. "Debemos recordar [a nosotras mismas] que el sexo no puede llenar la enorme necesidad de plenitud que nuestras almas buscan en el romance. Solo conocer a Cristo cara a cara llenará el vacío de nuestro corazón".[13] Mientras más desarrolles una relación íntima con Cristo en este momento, más plena te sentirás.

Ambas sabemos que el tema del sexo a menudo revive recuerdos no deseados, remordimientos y emociones dolorosas. Puede ser difícil y a veces casi paralizante. Puede ser tentador permitir que tus elecciones y circunstancias pasadas definan tu identidad. Sin embargo, como hija de Cristo debes recordar que tu identidad no está determinada por lo que tú has hecho ni por lo que otros te han hecho. Tu mérito y tu valor como mujer no dependen de tus elecciones ni circunstancias pasadas, presentes o futuras. Dios te ama y eres valiosa para Él como su preciosa creación.

Nada de lo que podamos hacer nos separará de su amor y perdón. "Por lo cual estoy seguro de que ni la muerte, ni la vida, ni ángeles, ni principados, ni potestades, ni lo presente, ni lo por venir, ni lo alto, ni lo profundo, ni ninguna otra cosa creada nos podrá separar del amor de Dios, que es en Cristo Jesús Señor nuestro" (Romanos 8:38-39). Sin embargo, el amor de Dios debe impulsarnos a arrepentirnos de nuestros pecados y pedirle perdón. La Biblia dice que, si nos humillamos y pedimos perdón a Dios, Él nos perdonará. Según 1 Juan 1:9, "Si confesamos nuestros

13. Ibíd., p. 259.

pecados, él es fiel y justo para perdonar nuestros pecados, y limpiarnos de toda maldad".

Dios puede limpiar tu pasado. Dios puede redimir tu futuro. Aunque el pecado puede acarrear consecuencias permanentes, a partir de ahora puedes caminar en libertad. Te recomendamos que dediques un momento a leer el Apéndice A (Encuentra la libertad y el perdón del pecado sexual pasado) en la página 243. Hemos escrito con más detalle sobre cómo puedes encontrar la libertad y el perdón del pecado sexual pasado.

> *Dios te ama y eres valiosa para Él como su preciosa creación.*

UN MENSAJE PERSONAL *de Bethany*

Quiero compartir contigo algunos párrafos que escribí cuando aún estaba soltera:

Todavía estoy soltera. Nunca he tenido sexo. De hecho, nunca he besado a un muchacho (lo reservo para el día de la boda). Amiga, te entiendo. ¡Esperar es difícil! Sin embargo, con la fortaleza de Dios en mi vida, he podido reservar el sexo para mi futuro esposo. Anhelo inmensamente que mi esposo disfrute de estos increíbles regalos, por eso decido confiar en el buen plan de Dios. En lugar de lamentarme por estar soltera, prefiero enfocarme en buscar una relación vivaz y gratificante con Cristo.

Por mucho que me entusiasme experimentar intimidad sexual algún día, sé que no es la respuesta a mi felicidad. Para mantener el sexo en el lugar correcto en mi vida, debo tener presente siempre que Cristo es el único que realmente puede satisfacerme. Cuanto más profundizo mi relación con Él (a través de la lectura de la Biblia, la oración, la adoración, etc.), menos afanes tengo. También me di cuenta de lo provechoso que me resulta participar activamente en mi comunidad cristiana. Asistir a estudios bíblicos y a la iglesia me ha ayudado a rodearme de otros solteros con ideas afines. Este tipo de compañerismo frecuente me anima a permanecer en el camino correcto.

Realmente no sé si Dios tiene el matrimonio reservado para mi futuro, pero si es así quiero experimentar el sexo por primera vez con mi esposo. Aunque la cultura me mire como si estuviera loca, creo en la Palabra de Dios.

Quiero animarte, como mujer soltera, a elegir el emocionante camino de la pureza y la fidelidad. Sin importar cuál haya sido tu pasado, hoy mismo puedes tomar la decisión de caminar de tal modo que honres a Dios y lo glorifiques.

UN MENSAJE PERSONAL *de* Kristen

Cuando me casé con Zack, ambos éramos vírgenes. Con nerviosa emoción y expectativa llegamos felices a nuestra noche de bodas. Éramos novatos. Unos *amateurs*. La cultura nos decía que "practicar" antes del matrimonio era esencial, pero decidimos seguir el plan de Dios. Y ¿sabes qué? ¡Nuestra luna de miel fue una aventura hermosa, pura y apasionada! Disfrutamos el regalo sexual de Dios por primera vez juntos. No fue vergonzoso ni aterrador, pero voy a ser sincera: ¡estaba sumamente nerviosa! Como novatos, teníamos mucho que aprender, pero eso precisamente lo hizo muy especial. Y aunque al principio parezca intimidante y aterrador, está bien, porque tienen toda su vida para aprender y crecer juntos.

Aunque no lo noté en ese momento, nuestro compromiso con el plan de Dios *antes* del matrimonio fue el combustible que nos ayudó a mantener nuestro compromiso con el plan de Dios *después* del matrimonio. Nuestra fidelidad a Dios y con el otro estableció una base sólida de confianza y unidad en nuestro matrimonio. No me arrepiento de hacer las cosas a la manera de Dios. Y tampoco Zack. ¿Fue difícil esperar? ¡Sí! ¿Requirió mucha paciencia y autocontrol? ¡Sí! (Describiré en detalle mi historia de amor con Zack más adelante en el libro). Sin embargo, la gracia de Dios fue suficiente, tal como Él lo promete en su Palabra:

"Bástate mi gracia; porque mi poder se perfecciona en la debilidad" (2 Corintios 12:9).

Como mujer casada, quiero retarte y animarte a que mantengas el rumbo. No te rindas. No te canses. No quites los ojos de Cristo. Busca a Dios para que te dé fuerzas, y Él te ayudará a caminar en pureza tanto física como emocional a partir de este momento.

ACEPTA EL DISEÑO ESPECTACULAR DE DIOS

El diseño espectacular de Dios para el amor, el matrimonio y el sexo es el eslabón perdido de la cultura moderna. La cultura promueve versiones falsas de estos hermosos regalos. Por eso el carrusel nunca se detiene. Por eso el amor no es duradero. Por eso los matrimonios terminan en divorcio. Por eso el sexo ya no se respeta ni aprecia.

Aceptar el plan de Dios para el amor, el matrimonio y el sexo cambiará tu vida por completo.

Si queremos experimentar el buen diseño de Dios en estas áreas, tenemos que hacer las cosas a su manera. Tenemos que aceptar su plan bueno, pero prepárate. Aceptar el plan de Dios para el amor, el matrimonio y el sexo cambiará tu vida por completo. Cambiará tu forma de vivir la soltería. Cambiará tu visión de tu sexualidad. Cambiará el tipo de hombre con el que decidas casarte. Cambiará la forma en que amas a tu futuro esposo. Cambiará la forma en que glorificas a Dios.

Los caminos de Dios realmente son los mejores. Es mi deseo que seamos una generación de mujeres que decidan amar con sacrificio, casarse para siempre y disfrutar de la intimidad sexual dentro del hermoso pacto del matrimonio.

CAPÍTULO 5

GUÍA DE ESTUDIO

"Sea soltera o casada, la mayor necesidad de una mujer solo será saciada cuando camine fielmente en una relación con Cristo".

1. ¿Qué te pareció más interesante de la primera historia de amor de todos los tiempos (Adán y Eva en Génesis 2)?

2. Encierra en un círculo las tres áreas principales que más han influido en tu visión del amor, del matrimonio y del sexo:

Las películas para mujeres	Las novelas románicas cristianas	Mis padres
Mis amistades	Las búsquedas en Internet	El colegio
Mi novio	La literatura informativa	La Biblia
El grupo de jóvenes	El campamento de verano	Las revistas
Las conferencias	Las redes sociales	Los vídeos de la Internet
La música	La pornografía	La televisión

3. ¿Qué enseña Génesis 2:24-25 sobre el amor, el matrimonio y el sexo? "Por tanto, dejará el hombre a su padre y a su madre, y se unirá a su mujer, y serán una sola carne. Y estaban ambos desnudos, Adán y su mujer [Eva], y no se avergonzaban".

4. Escribe una conclusión importante que hayas sacado sobre cada una de estas áreas:

   El amor definido por Dios
   El matrimonio definido por Dios
   El sexo definido por Dios

5. ¿Cuáles son las mayores diferencias que encuentras entre el diseño y el propósito de Dios para el sexo y lo que la cultura presenta?

HAZLO *personal*

Toma la Biblia y busca Génesis 2. Dedica unos minutos a leer este capítulo y a subrayar cualquier cosa nueva que te llame la atención.

6. LLEVA TU FEMINIDAD A TU VIDA AMOROSA

Los grandes ojos marrones de Emily brillaban de emoción cuando caminaba por el pasillo hacia el encuentro de su futuro esposo. Era su gran día. El momento más esperado. Estaba a punto de casarse con el hombre al que más amaba y admiraba en el mundo. Estaba a punto de convertirse en la señora Daniels.

Cuando Emily conoció a su esposo, Blake, tenía veintiséis años. Ambos eran voluntarios en un festival de música cristiana. Emily se fijó en Blake apenas subió al escenario. Admiraba la gran sinceridad con que hablaba de Dios y de su vida. Emily sabía que quería casarse con un hombre que tuviera ese tipo de pasión por el Señor. Oró susurrando que Dios le diera un hombre piadoso como Blake.

Emily terminó conociendo a Blake en una cena de agradecimiento después del festival. Le impresionaba el carácter y el corazón de Blake por el Señor. Ansiaba dar el primer paso e ir a hablarle. No quería perderse la oportunidad de conocer a este joven increíble. Quería perseguirlo. Quería tomar la iniciativa.

Quería seguir sus sentimientos. Quería subirse al carrusel. A pesar de su fuerte deseo de perseguirlo, decidió contenerse. Quería permitir que Blake tomara la iniciativa. Que fuera el líder. Que fuera el que la persiguiera. Que se acercara a hablarle. Antes de marcharse del restaurante, Blake sugirió que los dos intercambiaran números de teléfono para mantenerse en contacto. Emily aceptó con entusiasmo. Y ese fue el comienzo de su historia de amor.

> Dios lo planeó todo, al igual que cada aspecto de nuestra vida, conforme a su diseño para el hombre y la mujer.

La feminidad que nos caracteriza

En estos tiempos modernos no se alienta a las mujeres a abordar las relaciones románticas como lo hizo Emily. No se nos anima a dejar que el hombre tome la iniciativa o busque a la mujer. La masculinidad y la feminidad bíblica rara vez se consideran algo positivo. Nos desagrada la idea de que el hombre y la mujer tengan diferentes roles y particularidades en una relación. A menudo se supone que ser diferente debe significar ser "menor que".

Sinceramente, el tema de los roles y las distinciones de género puede parecer complicado y confuso. Se suelen plantear preguntas como estas: ¿Son buenas o malas las distinciones de género? ¿Es un género más valioso que el otro? ¿Soy débil si disfruto siendo femenina? ¿Me falta carácter si permito que el hombre tome la iniciativa en la relación? Si como mujeres modernas tratamos de responder estas preguntas sin considerar la Biblia, terminaremos completamente confundidas. Si utilizamos nuestras opiniones o preferencias personales, podríamos responderlas de un millón de maneras distintas. Por fortuna, Dios no nos dejó sin respuestas. Él lo planeó todo, al igual que cada aspecto de nuestra vida, conforme a su diseño para el hombre y la mujer. Él tiene un propósito y un plan que es mejor que cualquier ocurrencia nuestra.

Si estamos dispuestas a ver nuestra feminidad a través del lente de las Escrituras, nuestra confusión se aclarará rápidamente.

Como mencionamos en el capítulo 5, el libro de Génesis revela cuán intencional fue Dios al crear al hombre y a la mujer. En esos primeros momentos, Dios podría haber creado lo que quisiera; podría haber diseñado una multitud de géneros y de tipos de seres humanos, pero no lo hizo. En su perfecta sabiduría y amor, creó dos géneros distintos.

ENTONCES DIJO DIOS: HAGAMOS AL HOMBRE A NUESTRA IMAGEN, CONFORME A NUESTRA SEMEJANZA; Y SEÑOREE EN LOS PECES DEL MAR, EN LAS AVES DE LOS CIELOS, EN LAS BESTIAS, EN TODA LA TIERRA, Y EN TODO ANIMAL QUE SE ARRASTRA SOBRE LA TIERRA. Y CREÓ DIOS AL HOMBRE A SU IMAGEN, A IMAGEN DE DIOS LO CREÓ; VARÓN Y HEMBRA LOS CREÓ (GÉNESIS 1:26-27).

El significado de la última frase debería comunicarnos el plan claro de Dios: "...varón y hembra los creó". Dios no creó varón y varón. No creó mujer y mujer. No creó seres sin género. Tampoco creó la opción de "elige tu propio género". Dios los creó hombre y mujer con un gran propósito y sumo cuidado. Iguales en valor, distintos en función. Nos creó de esa manera para que reflejemos una historia mucho más grandiosa. Dios creó al hombre y a la mujer para que reflejen diferentes aspectos del carácter y la naturaleza de Dios. Y, cuando lo hacemos, glorificamos a Dios en mayor medida. Como señala el libro *Mujer Verdadera 101*: "Los hombres fueron creados para reflejar la fuerza, el amor y la abnegación de Cristo. Las mujeres fueron creadas para reflejar la sensibilidad, la gracia y la belleza de la novia que Él redimió".[1]

1. Mary A. Kassian y Nancy Leigh DeMoss, *Mujer Verdadera 101: Diseño Divino* (Grand Rapids: Editorial Portavoz, 2014), p. 31.

Cuando una mujer expresa su feminidad en su vida amorosa, refleja el buen diseño que Dios ha planeado. Y, como vimos en el capítulo 5, las distinciones de género son un hermoso reflejo de Cristo y la Iglesia. En el fondo, el matrimonio es un reflejo del evangelio. De todos modos, nuestra feminidad no se trata realmente de nosotras, sino de aceptar esta distinción para la gloria de Dios. Nuestra amiga Emily fue una mujer que entendió este concepto. Aceptó la feminidad bíblica por el deseo de glorificar a Dios con su vida. Defendió el rol de Dios para su esposo y apoyó su liderazgo en reverencia a la Palabra de Dios.

Dios los creó hombre y mujer con un gran propósito y sumo cuidado.

Como decimos en nuestro libro *Una chica definida por Dios*: "Cuando aceptas el diseño de Dios para los roles de género en tu relación amorosa, te estarás preparando y ayudando a tu esposo (o novio) para el éxito duradero".[2]

Entonces, ¿cómo podemos las mujeres cristianas aceptar la feminidad definida por Dios? ¿Cómo podemos vivirla en nuestras relaciones románticas? Aquí hay cuatro maneras prácticas de expresar tu feminidad en tu vida amorosa.

CUATRO MANERAS DE EXPRESAR TU FEMINIDAD EN TU VIDA AMOROSA

1. DEJA QUE ÉL TOME LA INICIATIVA

> La verdad es que me gusta este muchacho, y creo que a él también le gusto, pero él no ha hecho ningún movimiento. ¿Debo tomar la iniciativa o esperar a que él la tome? Temo sinceramente que si no hago algo pronto no pase nada. —Kelly (24 años)

2. Kristen Clark y Bethany Beal, *Una chica definida por Dios: El diseño radical de Dios para la belleza, la feminidad y la identidad* (Grand Rapids: Editorial Portavoz, 2020), p. 141.

Preguntas como las de Kelly son frecuentes en nuestra bandeja de entrada de correo electrónico. Tal vez te hayas preguntado lo mismo. ¿Debo tomar la iniciativa? ¿Debo dar el primer paso? ¿Debo iniciar la relación? En nuestra cultura moderna, a las mujeres solteras se nos impulsa a ser intrépidas. Se nos insta a "salir y perseguir al hombre".

Sin embargo, cuando leemos Génesis 1 y 2, vemos que Dios creó a Adán primero y a Eva después. Dios hizo esto adrede y con un propósito. Como señala Elisabeth Elliot, una de las voces más respetadas sobre el amor y el romance: "Por la gracia de Dios, no estamos a la deriva en cuanto a quién debe tomar la iniciativa. Adán necesitaba una ayuda idónea. Dios diseñó una según las especificaciones de su necesidad, y la trajo a él. La tarea de Adán era cuidarla, es decir, él era responsable de ella; de cuidarla, protegerla, atenderla y abrigarla. Los hombres, como solo el diseño físico lo demostraría, están diseñados para tomar la iniciativa. Las mujeres están hechas para ser receptoras, para responder".[3]

Con eso en mente, alentaríamos a una mujer como Kelly a ejercer dominio propio y controlarse. Sé paciente y espera. No tomes la iniciativa ni persigas al muchacho que te gusta por miedo a perderlo. Si el joven está realmente interesado, dará el primer paso. Y, si no lo hace, probablemente sea lo mejor. Si ese muchacho no puede tomar la iniciativa ahora, lo más probable es que no lo haga en el matrimonio. Confía en que, si él no te habla, puede que no sea el hombre para ti, o el momento correcto.

No tomes la iniciativa ni persigas al muchacho que te gusta por miedo a perderlo.

Aunque sea difícil, no manipules las cosas para obtener lo que deseas. En tu futuro matrimonio, querrás un esposo con carácter.

3. Elisabeth Elliot, *Passion and Purity* (Grand Rapids: Revell, 1984), p. 110. Publicado en español con el título *Pasión y pureza* por Editorial Caribe-Betania, 1995.

Querrás un esposo que pueda dar el primer paso y ser un buen líder.

Ejerce dominio propio y permite que los hombres piadosos que tienes a tu alrededor tomen la iniciativa.

2. ALIENTA UN LIDERAZGO PIADOSO

A comienzos de mi matrimonio con Zack (habla Kristen), me dieron un consejo que nunca olvidaré. Una mujer casada mayor y más sabia me dijo: "Una de las formas más poderosas como puedes influenciar a tu esposo es ser su alentadora más entusiasta". Luego me contó que algunos de los hombres cristianos más influyentes de la historia respondieron con reciprocidad a esposas de gran fortaleza y capacidad para animar. ¡Increíble! Esa mujer me inspiró mucho. Su consejo me quedó grabado. Yo quería ser esa clase de esposa.

Ya sea que estés soltera o casada, una de las mejores formas de motivar un liderazgo piadoso en los hombres es con palabras de aliento. Proverbios 16:24 dice: "Panal de miel son los dichos suaves; suavidad al alma y medicina para los huesos".

En nuestras palabras hay poder para vida y para muerte.

Lamentablemente, cada vez es menos común escuchar a las mujeres modernas hablar bien de los hombres. Por lo general, escuchamos a las muchachas describir a los varones como tontos, imbéciles, vagos, ausentes de la realidad, despistados y más. Y, aunque el muchacho sea un vago y esté ausente de la realidad, es probable que hablar mal de él no lo inspire a ser mejor. Imagínate cuán diferente sería para los hombres en nuestra vida si nos tomáramos el tiempo de felicitar cualquier atisbo de bien que vemos en ellos. Proverbios 18:21 indica: "La muerte y la vida están en poder de la lengua". En nuestras palabras hay poder para vida y para muerte. Eso es un gran problema. La forma como interactuamos y hablamos con los hombres en nuestra vida tendrá un gran efecto, ya sea para bien o para mal.

Si no estás segura de cómo alentar un liderazgo piadoso en los hombres que te rodean, te presento algunas expresiones prácticas de agradecimiento:

"GRACIAS POR ABRIRME LA PUERTA. ERES UN GRAN CABALLERO, Y ESTOY AGRADECIDA POR ESO".

"VALORO QUE HAYAS ORADO POR NUESTRO GRUPO ESTA NOCHE. GRACIAS POR DAR EL PRIMER PASO".

"OYE, GRACIAS POR LLEGAR SIEMPRE TEMPRANO A LA IGLESIA PARA PREPARAR LAS COSAS. ¡NO SERÍA LO MISMO SIN TU AYUDA!".

"ACABO DE VERTE HABLANDO CON ESE NUEVO JOVEN EN LA CLASE. ESTOY SEGURA DE QUE REALMENTE SE SINTIÓ BIENVENIDO. ¡BIEN HECHO!".

¿Puedes ver el efecto? Imagínate si todas comenzáramos a comunicar palabras de aliento a los hombres que nos rodean. La decisión es nuestra. Podemos usar nuestras palabras para edificar o para derribar. Podemos hablar palabras de vida o de destrucción. Podemos alentar un liderazgo piadoso o podemos menoscabarlo.

Ya sea que estés soltera o en una relación, decide alentar un liderazgo piadoso en los hombres que te rodean mediante tus acciones y tus palabras.

3. PROMUEVE LA PUREZA

"¡Muestra lo que tienes!". "No escondas tu cuerpo sexy". "Saca la mujer sexy que hay en ti". "Haz que él te desee".

Frases como estas son totalmente normales en nuestra cultura moderna. Como mujeres, a menudo se nos alienta a usar nuestro cuerpo para atraer a los hombres. Las revistas nos aconsejan cómo ser sexy. Las películas nos muestran cómo ser seductoras y sugerentes. Las letras de las canciones nos dan ideas sobre cómo obtener lo que queremos cuando lo queremos.

Nos alientan a usar nuestra feminidad de manera manipuladora y egoísta. Sin embargo, eso está totalmente en contra del hermoso diseño de Dios para nosotras. En Proverbios 7, Dios hace la clara descripción de una mujer pecadora, seductora y astuta. De hecho, todo el capítulo trata sobre un padre que advierte a su hijo sobre el tipo de mujer que debe evitar y de la cual conviene huir.

Usemos nuestra feminidad para promover la pureza en la vida de los hombres que nos rodean.

Proverbios 7 describe a una mujer de palabras suaves (ver v. 5). Busca un hombre al que pueda atraer (ver vv. 6-8). Está vestida de manera seductora y es astuta de corazón (ver v. 10). Es alborotadora y rencillosa (ver v. 11). Usa el descaro para atraer (ver v. 13). Prepara su habitación para una noche de placer pecaminoso (vv. 16-17). Usa un lenguaje seductor para manipular a los hombres (ver v. 21). Su casa es un camino que conduce a la muerte y al infierno (ver v. 27). Esta mujer no es precisamente el ejemplo que deberíamos seguir. Sin embargo, es exactamente la clase de mujer que nuestra cultura pone como modelo a seguir.

En lugar de convertirnos en mujeres de Proverbios 7, decidamos ser mujeres que reflejen la santidad y la pureza de Cristo. Usemos nuestra feminidad para promover la pureza en la vida de los hombres que nos rodean. Como dice Salmos 51:10: "Crea en mí, oh Dios, un corazón limpio, y renueva un espíritu recto dentro de mí".

Aquí hay cuatro maneras prácticas de promover la pureza en tus relaciones románticas.

LENGUAJE CORPORAL. Tienes el bello cuerpo de una mujer. Ten cuidado de cómo lo presentas. Las mujeres sabemos cómo inclinar nuestra cabeza, mover nuestra cadera o pararnos de manera seductora para decir: "¡Soy sexy y quiero estar contigo!". Ten cuidado con tu lenguaje corporal. Mueve tu cuerpo de una manera que no sea provocativa (ver 1 Tesalonicenses 4:3-5).

TOQUE. El toque de una mujer es poderoso. Cuando tocas a tu novio, ¿qué estás provocando en él? ¿Lo estás tratando de una manera que aliente la pureza? Procura que tu manera de interactuar con él aliente la pureza y la santidad (ver 1 Pedro 2:1-3).

PALABRAS. Las mujeres somos buenas con las palabras. Sabemos qué decir para salirnos con la nuestra. Sabemos cómo hacer que nuestro hombre haga lo que queremos. En lugar de usar tus palabras con motivos egoístas (ver Filipenses 2:3), úsalas para alentarlo y fortalecerlo. Usa tus palabras para promover la pureza y no atraerlo a ti sino a Cristo.

VESTIMENTA. Has nacido con un cuerpo precioso. ¡Vestirte femenina y a la moda es divertido! Sin embargo, cuando elijas tu estilo de ropa, esfuérzate por vestirte de una manera que atraiga la mirada del hombre de tu vida hacia tu rostro. Preséntate de una manera que refleje la pureza, la santidad y la abnegación de Cristo (ver 1 Timoteo 2:9-10).

Cuando se trata de tu feminidad, sé una mujer que promueva la pureza en tus relaciones románticas. Esfuérzate por desarrollar ahora los hábitos que te ayudarán a ser esa clase de mujer en tu futuro matrimonio.

4. RESALTA A CRISTO

Yo (Bethany) conocí a un joven piadoso unos años después de mi relación con Justin. Este joven era un cristiano firme en Dios, y disfruté mucho de conocerlo. A medida que los dos progresábamos en una relación más deliberada, consideré cuidadosamente la influencia que yo tendría en su vida. No quería desperdiciar mi oportunidad de ser un estímulo y una bendición para él. Realmente lo amaba como un hermano en Cristo, y quería hacer todo lo posible para resaltar a Cristo. Quería que ambos nos beneficiáramos espiritualmente de la relación, nos casáramos o no.

Oré y pedí a Dios que me usara para edificarlo y alentarlo en su relación con Dios.

Con el tiempo, se hizo evidente que el matrimonio no era el plan de Dios para nosotros. Sin embargo, puedo decir sinceramente que ambos nos acercamos a Cristo durante nuestro tiempo juntos. Este joven me ayudó a crecer en mi relación con Dios, y él me dijo que hice lo mismo por él. Nuestra relación no fue un desperdicio sino una bendición, porque nuestro énfasis estaba puesto en el Señor.

Con demasiada frecuencia nos obsesionamos con nuestras propias necesidades, aspiraciones y deseos en las relaciones románticas. En lugar de usar nuestra vida para resaltar a Cristo ante los ojos de nuestro hombre, atraemos su mirada hacia nosotras. Nos esforzamos para garantizar que la relación gire alrededor de nosotras. Queremos ser el centro de atención. Queremos que nuestro hombre se obsesione con nosotras. Queremos ser su única prioridad y su más grande amor. Como hemos visto en capítulos anteriores, nuestro objetivo en una relación romántica debería ser mucho más que eso.

Tienes la gran oportunidad de influenciar a tu novio y futuro esposo para que ame más a Cristo.

Tienes la gran oportunidad de influenciar a tu novio y futuro esposo para que ame más a Cristo. Toma esta responsabilidad en serio. Preocúpate más por su relación con Dios que por tu propia felicidad personal. Haz de Cristo el eje central de la interacción entre ustedes.

Sigue el buen ejemplo de Emily

Expresar tu feminidad en tu vida amorosa requiere un esfuerzo deliberado. No sucederá automáticamente. Cuando Emily conoció a Blake tuvo que decidir qué clase de mujer sería. ¿Haría las cosas a su manera o confiaría en Dios? Emily decidió confiar en Dios al adoptar estos cuatro aspectos de su feminidad en la relación:

1. DEJAR QUE ÉL TOME LA INICIATIVA.
2. ALENTAR UN LIDERAZGO PIADOSO.
3. PROMOVER LA PUREZA.
4. RESALTAR A CRISTO.

¿Qué harás en tus relaciones románticas? ¿Dejarás de lado tu diseño femenino o lo aceptarás? Te animamos a seguir el ejemplo de Emily. Vive con inteligencia el hermoso diseño de Dios para tu feminidad. Para aprender más sobre la feminidad bíblica, adquiere un ejemplar de nuestro libro *Una chica definida por Dios*. El diseño de Dios para la feminidad es realmente espectacular. Cuando incluyes tu feminidad en tu vida amorosa mostrarás un aspecto hermoso del diseño de Dios que, de otro modo, no se revelaría.

CAPÍTULO 6

GUÍA DE ESTUDIO

"Cuando una mujer expresa su feminidad en su vida amorosa, refleja el buen diseño que Dios ha planeado".

1. Describe o dibuja una imagen que viene a tu mente cuando escuchas la palabra *feminidad*.

____

____

____

2. "Deja que él tome la iniciativa" es la primera estrategia para expresar tu feminidad en tu vida amorosa. Según la siguiente escala, ¿qué tan bien lo haces actualmente?

   Regular

   Bien

   Excelente

3. "Panal de miel son los dichos suaves; suavidad al alma y medicina para los huesos". ¿Cómo te inspira Proverbios 16:24 a alentar un liderazgo piadoso en los hombres?

____

____

____

4. ¿Cómo puedes promover de manera práctica la pureza en estas cuatro áreas?

   Lenguaje corporal ______________________________

   Toque ______________________________

   Palabras ______________________________

   Vestimenta ______________________________

5. ¿Qué te tienta a convertirte en el foco central de la relación en lugar de Cristo?

   ____

   ____

   ____

HAZLO *personal*

Es hora de alentar a algún hombre en tu vida. Ya sea tu padre, hermano, novio o esposo, tómate un tiempo para expresarle una palabra de aliento la próxima vez que lo veas.

7. EL MÉTODO ETERNO DE DIOS PARA LAS RELACIONES DURADERAS

"¡Me encanta Zack! ¡Es un hombre increíble!", le dije (Kristen) a Bethany mientras estábamos sentadas al borde de mi cama.

—Sí... se nota. La enorme sonrisa en tu cara lo dice todo. Por lo que sé de él, parece un hombre íntegro —dijo Bethany con un guiño.

Solo habían pasado algunas semanas desde que Zack Clark expresara interés romántico por mí, y estaba tratando de mantener la calma. Era un hombre maravilloso y nos identificábamos en muchos sentidos. Me gustaba... y mucho. Y la "aprobación" de Bethany era muy importante para mí. Al estar tan unidas, su opinión y aprobación eran imprescindibles para mí.

Sentadas en mi cama, conversamos sobre temas generales como el romance, las relaciones y el matrimonio.

—Las relaciones ahora parecen mucho menos confusas —dijo Bethany pensativamente.

—¡Si! Estoy completamente de acuerdo —respondí—. Hemos recorrido un largo camino. Si tan solo hubiéramos aceptado estas verdades bíblicas cuando éramos más jóvenes —me reí—, ¡eso nos habría ahorrado muchos dramas!

—No es broma —dijo Bethany, asintiendo con la cabeza.

El reloj marcó la medianoche, pero seguimos hablando hasta entrada la madrugada.

Habían pasado varios años desde que nuestras relaciones con Ryan y Justin habían terminado. Ambas habíamos madurado mucho desde entonces. Nuestra perspectiva sobre el amor y el matrimonio estaban mucho más centradas en Cristo. Ya no aceptábamos ciertos aspectos del método del carrusel. No nos dejábamos controlar por nuestros sentimientos. Estábamos hartas de dar vueltas en la loca rueda giratoria y, en cambio, luchábamos por algo mejor. Algo conforme a la verdad de Dios.

Aunque estábamos lejos de estar totalmente encarriladas, nos estábamos moviendo en una mejor dirección. Cuanto más aceptábamos el diseño eterno de Dios, más fácil era desenvolvernos en nuestras vidas amorosas. Nuestros pensamientos eran más claros. Nuestras decisiones eran más sabias. Nuestros sentimientos eran más equilibrados.

Las verdades de Dios estaban transformando nuestras vidas y, como resultado, estábamos madurando.

Las verdades de Dios estaban transformando nuestras vidas y, como resultado, estábamos madurando.

El método eterno de Dios para las relaciones duraderas

A diferencia del método del carrusel, el método eterno de Dios para las relaciones duraderas no te dejará mareada ni descompuesta.

En cambio, te sentirás llena de energía y preparada para saber desenvolverte en tu vida amorosa. Serás conducida por la verdad en lugar de tus sentimientos. Por la sabiduría en lugar del apasionamiento. Por la confianza en lugar del temor.

El método eterno de Dios también se basa en cinco pasos, pero pronto descubrirás que son bastante diferentes a los del método del carrusel. El proceso se basa en principios extraídos directamente de la Biblia. Y, como verás, el método eterno de Dios no te producirá vértigo después de cada experiencia, sino que te llenará de sabiduría y madurez. Este método te ayudará a manejar las relaciones de una manera que honre a Dios.

EL OBJETIVO DEL MÉTODO ETERNO DE DIOS = GLORIFICAR A DIOS

En lugar de la búsqueda de la "felicidad personal", el objetivo del método eterno de Dios es glorificar a Dios en la relación. Glorificar a Dios debería ser el objetivo en cada etapa del proceso de la relación. Desde la soltería a una relación amorosa, hasta el compromiso en el matrimonio, la motivación principal debe ser glorificar a Dios. Si adoptas los cinco pasos, pero pasas de alto este punto, te faltará la pieza fundamental.

Cuando la gloria de Dios se convierte en el objetivo principal de cualquier relación, afecta la toma de decisiones. Inspira a la pureza, el honor y el respeto. Deja claro si una pareja debe casarse.

Glorificar a Dios debería ser el objetivo en cada etapa del proceso de la relación.

Cuando la motivación de tu corazón es glorificar a Dios, estarás lista para adoptar los cinco pasos del método eterno de Dios. Estos cinco pasos te ayudarán a desenvolverte en tu vida amorosa con verdad, claridad y sabiduría. Dado que este método se basa en principios bíblicos, producirá resultados mucho mejores que el método del carrusel. Ya sea que tu relación termine en matrimonio o no, el método de Dios te hará madurar y centrarte en Cristo.

A lo largo de este capítulo, describiremos los cinco pasos del método eterno de Dios para las relaciones duraderas, y cómo funciona este método bíblico en la vida real. El método eterno de Dios ha cambiado radicalmente nuestra vida, y estamos convencidas de que también cambiará la tuya. Vayamos al paso 1.

PASO 1: CULTIVA EL CORAZÓN CORRECTO

Estás sentada en la iglesia cuando de repente ves a un joven muy guapo. Lo miras por unos segundos tratando de averiguar si lo has visto antes. *Tal vez venga por primera vez,* piensas con entusiasmo. A medida que se acelera tu ritmo cardíaco, sientes una intensa necesidad de conocer a ese joven. Es muy guapo. Y está en la iglesia. ¿Qué más hace falta?

Mientras tu mente comienza a tramar un plan de emboscada después del servicio, de repente te das cuenta de algo. Permitiste que ese joven guapo, quienquiera que sea, desviara por completo tu atención y concentración. Ya ni siquiera escuchas el sermón. No estás concentrada en adorar a Dios. Cuando logras calmar tus emociones, te das cuenta de lo rápido que caíste presa del paso 1 del método del carrusel: *encuentras al hombre indicado.*

En lugar de seguir este método incorrecto, rediriges tus pensamientos y tus emociones hacia la verdad de Dios. Recuerdas que es mucho más importante concentrarte en ser una mujer piadosa. Regresas al sermón y decides practicar el paso 1 del método eterno de Dios: *cultiva el corazón correcto.*

Por más tentador que sea para nosotras, nuestro objetivo no debería ser concentrarnos en conquistar al hombre indicado. Cuando perseguimos este objetivo, descuidamos la necesidad de convertirnos en la mujer adecuada. Dejamos de concentrarnos en desarrollar el carácter adecuado. Apartamos nuestros ojos de

Dios y los ponemos en el hombre que queremos. Recuerda que el objetivo principal de una relación amorosa es glorificar a Dios. Perseguir al joven, tomar la iniciativa y forzar las cosas con ese joven no sería un proceso centrado en Cristo.

En lugar de ir a cazar el hombre ideal, debemos ir a la Palabra para convertirnos en la mujer ideal.

En lugar de ir a cazar el hombre ideal, debemos ir a la Palabra para convertirnos en la mujer ideal. Nuestra meta como mujeres solteras debería ser asemejarnos más a Cristo cada día. Comenzamos el método eterno de Dios buscando primero a Dios.

Mateo 6:33 dice: "Mas buscad primeramente el reino de Dios y su justicia, y todas estas cosas os serán añadidas". Este versículo dice que debemos buscar primero a Cristo y, cuando lo hagamos, Dios nos dará lo que *necesitamos* (no necesariamente lo que *queremos*). El contexto de este versículo es muy sorprendente. Viene justo después de otros versículos donde Jesús dijo a las multitudes que no se preocuparan ni se afanaran por las cosas terrenales. Las exhortó y les dijo que confiaran en Dios y lo buscaran primero. Él se encargaría del resto. Él les daría lo que necesitaran.

Esta verdad es igual de poderosa para nosotras. Cuando buscamos honrar a Cristo primero, podemos confiar en que Él nos dará todo lo que necesitamos. Podemos confiar en que Él tiene el control de nuestra vida amorosa. Podemos confiar en que su tiempo y su providencia son perfectos.

Buscar a Dios primero significa cultivar el corazón correcto. Debemos dejar de perseguir a los muchachos. Dejar de forzar las cosas. Dejar de manipular. En cambio, debemos concentrarnos en ser las mujeres piadosas que Dios quiere que seamos. Debemos concentrarnos en cultivar un corazón de paciencia, confianza, contentamiento, rendición, humildad y abnegación.

Yo (Bethany) recuerdo cuando comencé a practicar el paso 1 del método eterno de Dios en mi propia vida. Mi manera de interactuar con los hombres cristianos solteros cambió. Ya no estaba obsesionada con querer llamar la atención. No estaba concentrada en conquistar al hombre indicado. En cambio, tenía la intención de interactuar con esos hombres como mis hermanos en Cristo. Mi corazón estaba centrado en glorificar a Dios, y mis acciones lo demostraban. Cuanto más me concentraba en cultivar el corazón correcto, más contenta estaba.

En lugar de centrar tu atención en conquistar al hombre indicado, Dios quiere que trabajes en cultivar el corazón correcto. Este es el primer paso, y el más fundamental del método de Dios para relaciones duraderas.

Una vez que tu corazón se concentre en honrar a Cristo, estarás lista para el paso 2.

PASO 2: BUSCA SABIDURÍA

Un joven que te gusta desde hace un tiempo te invita a tomar un café, y no lo puedes creer. Siempre pensaste que era un muchacho genial. Lo conoces lo suficiente para entender que es un cristiano sólido, pero no sabes mucho más que eso. Por mucho que has querido "atraparlo", has logrado ejercitar autocontrol. Decides confiar en Dios. Decides centrar tu energía en cultivar el corazón correcto; pero ahora... ¡ahora!, él ha tomado la iniciativa.

Aceptas ir a tomar un café con él y pasar un rato agradable. Es aún más caballero de lo que creías. Te interesa... te interesa mucho, pero aún no lo conoces bien. Puedes sentir que el apasionamiento va tomando el control lentamente. Consciente de lo que la pasión ciega te ha causado en el pasado, decides que esta vez lo harás diferente. En lugar de dejarte llevar por el apasionamiento, decides seguir el paso 2 del método eterno de Dios para las relaciones duraderas: *buscar sabiduría.*

Llamas a tu pastor, que conoce a este joven, y le haces algunas preguntas atinadas. Luego hablas con tus padres sobre él y les pides su opinión y consejo. Luego llamas a tu mentora (una cristiana mayor de la iglesia) y le pides su opinión y consejo. Al buscar la sabiduría y el consejo de las personas piadosas que te rodean, estás preparando el camino para que te vaya bien. Avanzas lentamente, paso a paso, y escuchas opiniones y consejos constantes.

Buscar sabiduría de personas mayores y más sabias no es algo que verás mucho en la cultura moderna. La mayoría de los adultos jóvenes de hoy actúa de manera independiente. Dejarse llevar por la inercia del apasionamiento es el método predeterminado. Sin embargo, es uno de los peores errores que podemos cometer en nuestras relaciones amorosas. Dios no nos creó como seres independientes, sino para avanzar en comunidad. En familia. Con límites. Con alguien que nos supervise.

El romance tiene una manera de cegarnos a los problemas obvios. Por lo tanto, necesitamos con urgencia consejos de otras personas que nos ayuden a ver con claridad, a mantenernos en el camino correcto y estrecho, y a vivir conforme a la verdad de Dios. Si no conoces a una mujer piadosa, te recomendamos que te congregues en una iglesia local que crea en la Biblia y evidencie crecimiento. Este es uno de los mejores lugares para conocer mujeres piadosas mayores. Sé proactiva y busca este tipo de relaciones con una mentora.

Dios no nos creó como seres independientes.

Proverbios 28:26 dice: "El que confía en su propio corazón es necio; mas el que camina en sabiduría será librado". La Biblia lo deja muy claro. Si confiamos en nosotras mismas, somos necias; en cambio, si buscamos la sabiduría, seremos libradas. ¿Libradas de qué? Libradas de las consecuencias de la necedad. Proverbios 3:13 señala: "Bienaventurado el hombre que halla la sabiduría, y que obtiene la inteligencia".

Yo (Kristen) recuerdo que puse en práctica el paso 2 en mi relación con Zack. Déjame decirte que fue de gran ayuda. Zack y yo queríamos honrar a Dios en nuestra relación, pero sabíamos que podíamos estar ciegos a ciertas cosas. Decidimos deliberadamente buscar con regularidad sabiduría y consejo de otras personas. Pedíamos constantemente la opinión de nuestros padres sobre la relación. Incluso les pedíamos que supervisaran nuestro cumplimiento de ciertas normas y límites que habíamos establecido. Siendo conscientes de las inclinaciones del apasionamiento, recibíamos la sabiduría de otras personas que nos ayudaran a pensar con claridad.

> Buscar sabiduría es un patrón que vale la pena establecer en tu vida hoy y prolongar en el futuro.

Si decides adoptar el paso 2 del método eterno de Dios, preparas el camino para un mejor desenlace. Gracias a la sabiduría de otras personas, tus ojos podrán ver riesgos futuros. Verás puntos ciegos y áreas de pecado que podrían haber pasado desapercibidas. Verás con claridad si es prudente seguir avanzando en la relación. Buscar sabiduría es un patrón que vale la pena establecer en tu vida hoy y prolongar en el futuro.

Buscar sabiduría en tu relación amorosa es el segundo paso crucial en el método eterno de Dios. Una vez que tu relación esté rodeada de consejos piadosos, estarás lista para el paso 3.

PASO 3: CONCÉNTRATE EN LA VERDAD DE DIOS

Cuanto más conoces a este joven, más te imaginas formando una buena pareja con él. Posee la mayoría de las cualidades por las que has estado orando en un futuro esposo. Es un apasionado de Dios y te edifica en tu vida espiritual. Es un buen candidato.

Sin darte cuenta, tu imaginación comienza a volar. Empiezas a soñar despierta sobre una vida futura con este hombre. Ves una cerca blanca. Una casita adorable. Hermosos niños que juegan en el jardín. Y un perro blanco y esponjoso llamado Pepe.

Te sientes bien. Muy bien. Tu imaginación continúa visualizando el futuro y de repente sientes una necesidad urgente de casarte con este joven. Tiene que ser el hombre indicado. ¡Tiene que ser él! Cuando tus sentimientos comienzan a apoderarse de tu cerebro, te detienes. *Espera un minuto. ¿Qué estoy haciendo?* —piensas—. *Claro, es un muchacho increíble, pero no tengo ni idea si nos vamos a casar. Y la verdad es que todavía hay muchas cosas que no sé sobre él.*

Y, en ese momento, vuelves a poner los pies sobre la tierra. Decides razonar con tus sentimientos. Te rehúsas a dar el paso 3 del método del carrusel (*concéntrate en tus sentimientos*). En cambio, decides redirigir tus sentimientos hacia la realidad y dar el paso 3 del método de Dios: *concéntrate en la verdad de Dios*. Concentrarse en la verdad de Dios es otro paso esencial para avanzar en la dirección correcta.

Nuestros sentimientos pueden ser bastante erráticos. Podemos sentirnos bien con algo en un momento y cinco minutos después sentirnos mal por lo mismo. Aunque las emociones no son malas en sí mismas, suelen ser malos guías. Por ello es necesario sujetar nuestras emociones a la verdad de Dios. En lugar de dejar que nuestros sentimientos dirijan nuestros pensamientos, debemos dejar que la verdad de Dios impulse tanto nuestros sentimientos *como* nuestras relaciones amorosas.

> En lugar de dejar que nuestros sentimientos dirijan nuestros pensamientos, debemos dejar que la verdad de Dios impulse tanto nuestros sentimientos como nuestras relaciones amorosas.

Salmos 119:105 declara: "Lámpara es a mis pies tu palabra, y lumbrera a mi camino". Así como una lámpara da luz en un camino oscuro, la Palabra de Dios da dirección a una relación amorosa. La Palabra de Dios es *la* fuente de la verdad para guiar el camino de nuestras relaciones. En lugar de considerar nuestros sentimientos como guías, las mujeres cristianas debemos centrar nuestros sentimientos en la verdad de Dios. Solo así veremos con claridad.

Nuestra amiga Sarah hizo un excelente trabajo al concentrarse en la verdad de Dios durante su relación con Matt (ahora su esposo). A medida que lo conocía, consultaba ciertos pasajes de las Escrituras para guiarse y recibir sabiduría cada día. Por ejemplo, leía Filipenses 4:8-9 y evaluaba si la relación estaba marcada por la verdad, el honor y la pureza. Leía Efesios 5:1 y se fijaba si la relación los impulsaba a ser más como Cristo. Estudiaba pasajes como 1 Corintios 13:4-13 y verificaba si la relación se basaba en el amor definido por Dios.

Al acudir a la Palabra de Dios en busca de instrucción, sabiduría y dirección, Sarah se aseguró de que la verdad guiara su relación con Matt. No sus sentimientos. Esto los ayudó a mantener a Cristo en el centro de su relación.

Estudiar la Palabra de Dios y concentrarse en su verdad son esenciales para manejar las relaciones amorosas. La Palabra de Dios te ayudará a determinar cuán centrada en Cristo está realmente tu relación. Te ayudará a tomar decisiones correctas cuando no estés pensando con claridad. Será la luz que te guíe cuando busques la voluntad de Dios. La Palabra de Dios te ayudará a determinar si es prudente continuar avanzando en la relación.

Concentrarse en la verdad de Dios es el tercer paso en el método eterno de Dios para las relaciones duraderas. Una vez que la relación se centra en la verdad de Dios, estás lista para el paso 4.

PASO 4: ENCUENTRA TU SATISFACCIÓN EN CRISTO

Él te trae flores. Te abre la puerta. Te hace sentir tan feliz como si flotaras en las nubes. A medida que tu relación se profundiza con este joven piadoso, tu respeto por él también aumenta. Admiras muchas cualidades que él posee. Toma la iniciativa. Se preocupa realmente por ti. Es sincero en su amor por Dios. ¡A tus ojos es un hombre maravilloso! Claro, no es perfecto, pero tiene muchas virtudes.

A medida que avanza la relación, comienzas a confiar más en este joven, lo cual es bueno. Sin embargo, sin darte cuenta, también comienzas a buscar tu satisfacción en él. Comienzas a depender de su apoyo emocional. Comienzas a buscar en él tu plenitud. Comienzas a poner tu seguridad en tu relación con él, no en Dios. A paso lento, pero seguro, el paso 4 del método del carrusel (*encuentra tu satisfacción en tu novio*) comienza a filtrarse en la relación.

Sin embargo, por fortuna te percatas del traspié. Dado que sigues diligentemente los pasos 1, 2 y 3 del método eterno de Dios (*cultiva el corazón correcto, busca sabiduría y concéntrate en la verdad de Dios*), rápidamente te das cuenta de tu error. Te sientes mal por querer encontrar tu satisfacción en este joven y no en Cristo. Te das cuenta rápidamente de lo equivocada que estabas. Comienzas a orar con más diligencia cada día. Pasas más tiempo en la Palabra. Dedicas tiempo a tu relación con Cristo. Y, a medida que haces esto, te resulta más fácil encontrar tu satisfacción solo en Cristo.

Por más maravilloso que sea este joven, sabes que no puede satisfacer todas tus necesidades. Sabes que no puede satisfacerte por completo. Sabes que no fue diseñado para darte lo que solo Cristo te puede dar. Y con esa verdad en mente, haces el esfuerzo intencional de practicar el paso 4 del método eterno de Dios: *encuentra tu satisfacción en Cristo*.

El paso 4 del método eterno de Dios es vital para desarrollar una relación centrada en Cristo y mantener un amor gratificante en el tiempo. Ningún hombre puede darte lo que solo Dios te ofrece. Sin importar cuán maravilloso sea, él no puede hacerlo. Buscar tu plena satisfacción en tu novio (o esposo) es un camino sin salida.

Ningún hombre puede darte lo que solo Dios te ofrece.

Salmos 118:8 señala: "Mejor es confiar en Jehová que confiar en el hombre". La palabra hebrea original para "confiar" en este versículo es *kjasá*. Significa "poner la confianza, tener esperanza, refugiarse, (confiar) en algo o en alguien".[1] En lugar de tener esperanza en un

1. "Psalm 118:8", Bible Hub Lexicon, consultado el 31 de julio de 2017, http://biblehub.com/lexicon/psalms/118-8.htm.

hombre, este versículo indica que es mejor poner tu esperanza en Cristo. Es mejor poner tu confianza en Cristo. Es mejor refugiarte en Cristo. Es mejor encontrar tu seguridad en Cristo.

Dado que las mujeres nos inclinamos por naturaleza más a las relaciones que la mayoría de los hombres, es tentador buscar nuestra seguridad en los seres humanos. Es fácil buscar nuestra satisfacción en las relaciones terrenales y no en Cristo. Pero si queremos experimentar una satisfacción real y duradera, tenemos que mantener deliberadamente a Cristo en el centro de nuestros afectos.

Cuando buscamos nuestra satisfacción en Cristo, nuestras emociones no van a zarandearnos. No seremos sacudidas cuando nuestra relación amorosa llegue a un punto difícil. No nos sentiremos desconsoladas cuando nuestro hombre no satisfaga todas nuestras necesidades. No tendremos miedo ni ansiedad en la relación. No nos sentiremos destrozadas si es evidente que la relación debe terminar. Estaremos firmes y confiadas en el Señor. Estaremos seguras porque nuestra esperanza está solo en Él.

Dar el paso 4 cada día no es fácil, pero es necesario para el éxito duradero en las relaciones. Exige un esfuerzo deliberado, disciplina y tiempo diario en la Palabra y la oración, pero definitivamente vale la pena.

Una vez que hayas dado el paso 4, estarás lista para practicar el paso 5, si ocurriera.

PASO 5: SIGUE CONFIANDO EN DIOS SI LA RELACIÓN FRACASA

No todas las relaciones amorosas terminan en matrimonio. A veces la pareja ve señales de advertencia o señales de alerta. A veces simplemente no encuentran un punto de acuerdo en un asunto importante. Y otras veces no se trata de problemas importantes, sino que sus personalidades no funcionan bien juntas.

Por alguna razón, muchas relaciones amorosas terminan. Y,

por más difícil que sea, no siempre es algo malo. A veces es lo mejor que pudo haber pasado. Recuerda que nuestro objetivo es glorificar a Dios en la relación, no solo conquistar a un hombre. A veces, cortar con la relación es lo que más glorifica a Dios.

Ambas podemos dar fe de eso. A pesar de que tuvimos que pasar por rupturas difíciles, fue lo mejor que nos pudo haber pasado. Al mirar atrás, nos alegra que nuestras relaciones con Ryan y Justin terminaran en ese momento.

Recuerda que nuestro objetivo es glorificar a Dios en la relación, no solo conquistar a un hombre.

Si enfrentas (o debes enfrentar) una ruptura de tu relación amorosa, decide practicar el paso 5 del método eterno de Dios: *sigue confiando en Dios si la relación finaliza*. Confiar en Dios es la clave aquí. Y, dado que has seguido diligentemente los pasos 1, 2, 3 y 4 del método eterno de Dios, el paso 5 no será tan difícil para ti. Claro, la ruptura puede ser muy (muy) difícil, pero no tiene por qué destruirte por completo. No tiene que robarte toda la alegría. No tiene que arruinar todo tu futuro.

Proverbios 3:5 (NTV) exhorta: "Confía en el Señor con todo tu corazón". Al confiar en Dios con todo tu corazón, estás poniendo tu esperanza en Dios. No te estás aferrando a tu relación. Estás confiando en que el plan de Dios es mejor. Si tu relación amorosa termina, regresa al paso 1 y repite nuevamente el método eterno de Dios:

PASO 1: CULTIVA EL CORAZÓN CORRECTO
PASO 2: BUSCA SABIDURÍA
PASO 3: CONCÉNTRATE EN LA VERDAD DE DIOS
PASO 4: ENCUENTRA TU SATISFACCIÓN EN CRISTO
PASO 5: SIGUE CONFIANDO EN DIOS SI LA RELACIÓN FRACASA

A diferencia del método del carrusel, el método eterno de Dios se fortalecerá en cada paso del camino. No se trata de conseguir lo que quieres, sino de confiar en Dios y buscar glorificarlo a lo largo de la relación. El objetivo final no es conseguir un marido soñado, sino convertirte en una mujer más piadosa y más centrada en Cristo. Ya sea que te cases o no, el método eterno de Dios te preparará para una vida de confianza en Cristo y para encontrar la satisfacción total en Él. Este es el objetivo que siempre debemos perseguir.

Adopta el método eterno de Dios para relaciones duraderas

¡Ahí lo tienes! El método increíble, asombroso y eterno de Dios para relaciones duraderas. Esperamos que este método te entusiasme. Practicar en tu vida este método basado en la Biblia te preparará para desenvolverte en tus relaciones con claridad, verdad y sabiduría, como nunca antes. Evitarás gran parte del sufrimiento y el desconsuelo que produce el método del carrusel.

El método eterno de Dios es mucho mejor que el de Hollywood. Este método está centrado en Cristo. Construido sobre la sabiduría. Basado en la verdad. Y su objetivo es la gloria de Dios.

Practicar el método eterno de Dios en nuestras propias vidas ha cambiado de manera radical nuestra visión de las relaciones. Ya no nos impulsa el objetivo de la felicidad personal, sino la pasión de glorificar a Dios. Estamos convencidas de que el método de Dios cambiará tu vida si lo sigues fielmente.

Únete a nosotras y adopta el método eterno de Dios para relaciones duraderas.

CAPÍTULO 7

GUÍA DE ESTUDIO

"Ya sea que te cases o no, el método eterno de Dios te preparará para una vida de confianza en Cristo y para encontrar la satisfacción total en Él".

1. Enumera dos diferencias específicas entre el método eterno de Dios y el método del carrusel.

   ____

   ____

2. Completa el espacio en blanco:
   El objetivo del método eterno de Dios =

   ____

   ¿Por qué crees que este objetivo es tan importante?

   ____

   ____

   ____

3. Escribe los cinco pasos a continuación.

   Paso 1: ________________________________

   Paso 2: ________________________________

Paso 3: ______________________________

Paso 4: ______________________________

Paso 5: ______________________________

¿Cuál paso resaltarías más en tu caso? ¿Por qué?

____

____

4. Piensa en una relación amorosa pasada (ya sea tuya o de una amiga) y responde: ¿Cómo habría cambiado la relación si se hubiera practicado el método de Dios?

____

____

____

5. ¿Cómo puedes comenzar a practicar en tu vida presente el paso 1 (cultiva el corazón correcto)?

____

____

____

HAZLO *personal*

El método eterno de Dios es algo que puedes poner en práctica ahora mismo. Escribe los cinco pasos en una tarjeta 8 × 12 cm y pégala en el espejo del baño para que puedas recordar estas verdades todos los días.

PARTE 3

SOLTERA Y CON APURO

8. CUANDO EL DESEO DE TU CORAZÓN NO SE CUMPLE

Con las rodillas dobladas contra mi pecho, me eché a llorar desconsolada (Bethany). *¿Cómo podía estar en esta situación? ¿Cómo podía tener casi treinta años y ningún hombre a la vista? ¿En realidad quería Dios para mí una prolongada soltería?* Preguntas, dudas y preocupaciones cruzaban por mi mente. Cuanto más pensaba en mi soledad, más lloraba. *¿Por qué?* —me preguntaba—. *¿Por qué Dios no me trae un esposo?*

En años recientes tuve varios momentos difíciles como ese. Momentos cuando me preguntaba si Dios me había olvidado. Momentos cuando deseaba que Dios pusiera fin a esa etapa de mi vida y me diera un esposo. Momentos cuando me preguntaba si permanecería soltera el resto de mi vida. Momentos cuando me preguntaba si iba a cumplirse el deseo de mi corazón.

Si estás soltera, sé que puedes identificarte con lo que digo. Sé que entiendes la confusión, la preocupación y la tristeza que a menudo te embarga en esos solitarios viernes por la noche en tu casa. Sé que a veces has llorado en tu cama y te has preguntado si las cosas van a cambiar algún día.

En cualquier etapa de la vida, la soltería no deseada puede ser sumamente difícil y dolorosa. Lo sé porque ya he vivido esa etapa. Sé de lo que se trata. He experimentado lo mismo que tú. Sé lo que se siente cuando el deseo de tener una relación amorosa y de casarse no se cumplen. Estuve muchos años soltera, y sé que la frustración de no estar casada es difícil de soportar.

En cualquier etapa de la vida, la soltería no deseada puede ser sumamente difícil y dolorosa.

Quiero que sepas que cada palabra de este capítulo nace de un corazón compasivo y comprensivo. Al escribir este capítulo, mi oración es que las palabras sean como un soplo de aire fresco y de aliento para ti. Ruego que termines este capítulo con una esperanza renovada y una nueva perspectiva de tu soltería.

La soltería no tiene que ser una etapa lastimosa de tu vida

Cuando era soltera con apenas veinte años de edad, a menudo intentaba nada más sobrellevar mi soltería. Pensaba: *Cuando me case comenzará la vida verdadera. Entre tanto, solo intentaré sobrellevar estos años de por medio*. Sin darme cuenta, comencé a ver a las mujeres casadas como las que habían "llegado" al destino. Habían dejado atrás su condición de solteras y habían comenzado oficialmente la vida real. Envidiaba sus vidas y contaba los días hasta que mi vida finalmente fuera igual.

Después de años de vivir con este tipo de mentalidad, me di cuenta de que mi perspectiva sobre la soltería era incorrecta. Vivía inconforme y carecía de gozo. No vivía para la gloria de Dios. Estaba jugando al juego de la espera. Estaba esperando que llegara el hombre ideal. Estaba esperando que él hiciera realidad todos mis sueños. Estaba esperando que pusiera un anillo en mi dedo. Estaba esperando que me hiciera una mujer plena. Estaba esperando que el matrimonio viniera a tocar a mi puerta para que, al fin, la vida pudiera comenzar.

Felizmente, en su gracia, poco a poco Dios comenzó a obrar en mi corazón. Poco a poco mi perspectiva cambió. Empecé a ver mi soltería de una manera completamente nueva. Dios, en su bondad perfecta, tenía un propósito para mí en mis largos años de soltería.

Dios, en su bondad perfecta, tenía un propósito para mí en mis largos años de soltería.

Durante ese tiempo de reenfocar mi corazón en Cristo, descubrí algunas mentiras serias que había creído. Mentiras sobre Dios. Mentiras sobre mi valía. Mentiras sobre mi soltería. Mentiras sobre el matrimonio. Mentiras sobre el propósito de una relación. Mentiras sobre mi identidad. Esas mentiras devoraban sutilmente mi alegría y me tentaban a cuestionar la bondad de Dios.

Si estás luchando como yo con la soltería, es probable que estés creyendo las mismas mentiras. Mientras lees la siguiente lista, fíjate si alguna de estas mentiras te llama la atención.

¿MENTIRAS O VERDADES?

MENTIRA: Sería más valiosa si tuviera un novio / esposo.
VERDAD: Nada puede hacerme más valiosa. Como hija de Dios, Él me ama y me valora tal como soy. "Mirad cuál amor nos ha dado el Padre, para que seamos llamados hijos de Dios" (1 Juan 3:1).

MENTIRA: Debo tener un novio / esposo para ser feliz.
VERDAD: La verdadera felicidad solo se puede encontrar en el Señor. "Mi porción es Jehová, dijo mi alma; por tanto, en él esperaré" (Lamentaciones 3:24).

MENTIRA: Mi vida no comienza realmente hasta que me case.
VERDAD: Mi vida ya ha comenzado. Necesito aprovechar al máximo el tiempo que Dios decida darme ya sea como soltera

o casada: "no sabéis lo que será mañana. Porque ¿qué es vuestra vida? Ciertamente es neblina que se aparece por un poco de tiempo, y luego se desvanece" (Santiago 4:14).

MENTIRA: No puedo estar agradecida hasta que tenga novio (o esposo).
VERDAD: Independientemente de mis circunstancias, debo dar gracias de corazón y estar agradecida por el amor de Dios por mí. "Alabad a Jehová, porque él es bueno; porque para siempre es su misericordia" (Salmos 107:1).

MENTIRA: Dios es bueno con otras personas, pero no conmigo.
VERDAD: Dios me ama de tal manera que envió a su Hijo Jesús a morir por mí. "Porque de tal manera amó Dios a... [inserta tu nombre aquí], que ha dado a su Hijo unigénito, para que todo aquel que en él cree, no se pierda, mas tenga vida eterna" (Juan 3:16).

Estas son solo algunas de las mentiras que he creído en el pasado. Supongo que tú también has creído algunas de ellas. Tal vez puedas pensar en alguna situación o relación en tu vida que se vio afectada por esas mentiras en particular. Quizá recuerdes otras mentiras que has creído en el pasado o que crees actualmente. Nuestros mayores temores y preocupaciones, como mujeres solteras, siempre se remontan a una mentira. Cuanto más luchemos contra las mentiras del enemigo y las combatamos con la verdad, más contentas y plenas nos sentiremos.

Te animo a que te tomes unos minutos para reflexionar sobre las posibles mentiras que has creído. ¿Son mentiras acerca de Dios? ¿Son mentiras acerca de tu valía e identidad? ¿Son mentiras acerca de tu valía como mujer? ¿Son mentiras acerca del matrimonio? Dedica unos minutos a buscar versículos específicos que te ayuden a combatir esas mentiras específicas con la verdad de Dios. Exponer las mentiras es el primer paso hacia la verdadera plenitud y alegría como mujer soltera.

Una mujer que confía

A lo largo de mis años de soltería, tuve que recurrir con frecuencia a algunos versículos específicos de la Biblia para recibir aliento. Estos versículos siempre me recordaban una importante verdad. Una verdad que cualquier mujer soltera necesita recordar constantemente. Una verdad que tiene el poder de transformar tus años de soltería en una etapa fructífera y dichosa. ¿Cuál es esta poderosa verdad? Es, simplemente, *confía en el Señor*.

La lucha fundamental para la mayoría de las mujeres solteras se reduce por lo general a una cosa: la falta de confianza. Falta de confianza en la bondad de Dios. Falta de confianza en el poder de Dios. Falta de confianza en el amor de Dios. Falta de confianza en la soberanía de Dios. Falta de confianza en los planes de Dios. Tan pronto desviamos nuestros ojos de Cristo, nuestro corazón comienza a preocuparse y a dudar. Si nuestra confianza en Cristo es firme, nuestra preocupación y ansiedad por casarnos se desvanecerán rápidamente.

Después de mi ruptura con Justin, luché intensamente con la idea de quedarme soltera. Luché por confiar en que Dios tenía un buen plan para mi futuro. Luché por confiar en que Dios era soberano. En las semanas y los meses que siguieron a mi ruptura, Proverbios 3:5-6 (NTV) se convirtió en el himno de mi vida: "Confía en el Señor con todo tu corazón; no dependas de tu propio entendimiento. Busca su voluntad en todo lo que hagas, y él te mostrará cuál camino tomar". Esas palabras quedaron grabadas en mi corazón. Las memoricé. Medité sobre ellas. Las declaré en oración. Y le pedí a Dios que las hiciera realidad en mi propio corazón. Quería ser una mujer que confiara en Él de todo corazón en mi soltería.

> Si nuestra confianza en Cristo es firme, nuestra preocupación y ansiedad por casamos se desvanecerán rápidamente.

En mis años de soltera, Dios usó esas palabras para mostrarme la verdad. Más de una vez, puse en práctica esos versículos. Cada vez que me sentía desanimada, me recordaba que debía confiar en el Señor con todo mi corazón. Cada vez que sentía que mi vida iba sin rumbo, recordaba la promesa de Dios: "Él te mostrará cuál camino tomar". Cuando me sentía confundida o preocupada, me preguntaba: *¿Estoy buscando su voluntad en todo lo que hago?*

La clave de la confianza

Confiar a Dios tu soltería es un paso esencial para encontrar satisfacción. Te sentirás más plena y llena de alegría cuanto más te rindas y confíes tus deseos al Señor. Confiar en Dios es uno de los conceptos más sencillos, pero más difíciles de vivir. Lo sé. No es una verdad fácil de practicar.

> Confiar en Dios es uno de los conceptos más sencillos, pero más difíciles de vivir.

Para ayudarte a poner tu confianza en acción, hemos desarrollado cinco pasos que te ayudarán a comprender el significado de la palabra *confianza*. Puedes escribir la lista en tu Biblia o diario personal para leerla cada vez que te sientas triste, deprimida, insegura o preocupada por el futuro.

En mis largos años de soltera, esta lista de cinco pasos ha sido de gran ayuda para mí. Si estás dispuesta a dar estos pasos en tu propia vida, también te serán de gran ayuda.

CINCO PASOS PARA DESARROLLAR CONFIANZA

1. DESECHAR

Desecha ya mismo los pensamientos pecaminosos, como la preocupación, el miedo y la ansiedad. No te preocupes por el futuro. Lo he hecho y no produce esperanza ni satisfacción duraderas. En cambio, rechaza los pensamientos pecaminosos y llena tu mente con la verdad de Dios (por ejemplo, Dios tiene un plan bueno, Dios es amoroso, Dios es digno de confianza, etc.). Un excelente versículo para meditar es Isaías 41:10: "No temas, porque yo estoy contigo; no desmayes, porque yo soy tu Dios que te esfuerzo; siempre te ayudaré, siempre te sustentaré con la diestra de mi justicia". Desechar los pensamientos pecaminosos y llenar tu corazón con la verdad de Dios es esencial para confiar en el Señor con todo tu corazón.

2. RECORDAR

Recuerda quién es Cristo, la próxima vez que te encuentres en un charco de lágrimas. Recuerda que Él es el mismo ayer, hoy y para siempre. Él nunca cambia. Él es el Dios Altísimo. El Rey del universo. El Creador de todo. El Salvador del mundo. Es digno de suprema alabanza. Recuerda sus grandiosas obras de amor por los israelitas. Los rescató de Egipto y abrió el Mar Rojo (ver Éxodo 14). Es el mismo Dios que protegió a Daniel y cerró la boca de los leones (ver Daniel 6). Es el Dios que usó a un joven pastor para derrotar a un gigante (ver 1 Samuel 17). Es el mismo Dios que está vivo, activo y tiene el control soberano de tu vida amorosa. Cuanto más recuerdes su grandeza, más fácil será confiar de todo tu corazón en Él.

3. EXALTAR

Exalta el grandioso nombre de Dios, en lugar de desperdiciar tu energía en lloriquear y quejarte de lo que no tienes. Transforma tus quejas en adoración, y comienza a alabar a Dios con un corazón dispuesto. Exaltar la grandeza de Dios es una maravillosa medicina para el alma. La próxima vez que te sientas deprimida o desanimada, redirige tus pensamientos a exaltar el nombre de

Dios. Un excelente versículo para alabar a Dios y adorar su grandeza es 1 Crónicas 29:11: "Tuya es, oh Jehová, la magnificencia y el poder, la gloria, la victoria y el honor; porque todas las cosas que están en los cielos y en la tierra son tuyas. Tuyo, oh Jehová, es el reino, y tú eres excelso sobre todos". Reenfocarte en Cristo y exaltar su nombre te ayudará a confiar en Él con todo tu corazón.

4. RENDIRTE

Este es uno de los pasos más importantes. En lugar de aferrarte a tus sueños y planes con el puño cerrado, abre tus manos y entrégaselos al Señor. Sé sincera con Dios. Abre tu corazón a Él. Preséntale tus deseos. Y, luego, entrégale tus planes con la certeza de que Él es un Dios amoroso y absolutamente digno confianza. Confía en que Él cumplirá su voluntad en su tiempo perfecto. Salmos 9:10 es un versículo maravilloso para meditar mientras te esfuerzas por entregar tus sueños al Señor: "En ti confiarán los que conocen tu nombre, por cuanto tú, oh Jehová, no desamparaste a los que te buscaron".

5. AGRADECER

Cuando damos gracias, dejamos de mirar nuestras circunstancias y ponemos nuestra mirada en Cristo. Como mujeres solteras, algunas de las mejores cosas que podemos hacer son dar gracias a Dios, concentrarnos en su bondad y alabar su nombre. Muchas veces nos concentramos tanto en todo lo que no tenemos, que pasamos por alto lo que sí tenemos. Te animo a que dediques tiempo a dar gracias. Agradece a Dios por las bendiciones abundantes que son inmutables: la salvación, el amor incondicional y la vida eterna. Si no estás segura de cómo empezar, lee el Salmo 103. Este es el primer versículo del pasaje para comenzar: "Bendice, alma mía, a Jehová, y bendiga todo mi ser su santo nombre".

Pon tu confianza en acción

Leer los cinco pasos es la parte fácil. Ponerlos en acción es la parte difícil. Yo (Bethany) te animo a escribir las cinco palabras clave (*desechar, recordar, exaltar, rendirte* y *agradecer)* y a colocarlas en un lugar destacado de tu hogar. Léelas cuando te despiertes cada mañana para poder ajustar tu corazón conforme a la verdad de Dios. Si te sientes deprimida o desanimada, consulta este capítulo y vuelve a leer los versículos de cada paso.

Entiendo totalmente que ser soltera puede ser muy difícil. Sé que habrá días muy difíciles en tu futuro. Créeme, lloré muchas veces en mi cama durante mis años de soltera. No siempre fue fácil. He tenido días buenos y días malos, hasta hoy. Incluso con los altibajos de las emociones, los sentimientos y las circunstancias, siempre he vuelto a *confiar*. He vuelto a poner mi confianza en Cristo. Supongo que te sucede lo mismo.

Cada vez que te sientas luchando sola, llorando en tu cama, o simplemente deprimida por tu futuro, detente y considera en qué estás poniendo tu esperanza. ¿Está en Cristo o en otra cosa? Para ajustar tu corazón conforme a la verdad de Dios, vuelve a leer los cinco pasos y repasa las cinco palabras clave: *desechar, recordar, exaltar, rendirte* y *agradecer.*

Una oración de absoluta confianza

Quiero dejarte una de mis oraciones favoritas de todos los tiempos. Es de la misionera y mártir Betty Scott Stam. Es una hermosa oración de absoluta confianza, rendición y dependencia de Dios. Durante mi etapa de soltería la leí una y otra vez. Te animo a que también la leas y la conviertas en tu propia oración. Ora así a Dios y pídele que estas palabras se vuelvan el clamor de tu corazón.

"Señor, renuncio a mis planes y propósito personales, a todos mis deseos, esperanzas y ambiciones, y acepto tu voluntad para mi vida. Te entrego mi vida, mi todo, por completo a ti, para ser tuya por siempre. Te entrego todas mis amistades, para que tú las guardes; todas las personas a quienes amo han de ocupar un segundo lugar en mi corazón. Lléname ahora y séllame con tu Espíritu. Obra por completo tu voluntad en mi vida a cualquier costo, porque para mí el vivir es Cristo. Amén". —Betty Scott Stam[1]

1. Nancy DeMoss Wolgemuth con Mindy Kroesche, "Betty Scott Stam: Una vida de rendición", *Mujer Verdadera* (blog), consultado el 24 de abril de 2020, https://www.avivanuestroscorazones.com/mujer-verdadera/blog/betty-scott-stam-una-vida-de-rendicion/.

CAPÍTULO 8

GUÍA DE ESTUDIO

"Si nuestra confianza en Cristo es firme, nuestra preocupación y ansiedad por casarnos se desvanecerán rápidamente".

1. Qué palabras describen mejor cómo te sientes acerca de ser soltera (encierra en un círculo todas las opciones que correspondan):

Feliz	Deprimida	Ansiosa	Contenta
Sin propósito	Emocionada	Preocupada	Alegre
Incierta	Avergonzada	Orgullosa	Indiferente
Desconcertada	Temerosa	Confiada	Triste
Animada	Despreocupada		

2. Vuelve a leer la lista de mentiras y verdades, y completa las siguientes líneas con otras de tu experiencia personal (asegúrate de que tu verdad se base en la Palabra de Dios).

Mentira:________________________________

Verdad:________________________________

Mentira:________________________________

Verdad:________________________________

Mentira:________________________________

Verdad:________________________________

3. ¿Cómo puedes practicar Proverbios 3:5-6 (NTV) en las circunstancias específicas de tu vida? "Confía en el Señor con todo tu corazón; no dependas de tu propio entendimiento. Busca su voluntad en todo lo que hagas, y él te mostrará cuál camino tomar".

____

____

____

4. Escribe una aplicación práctica para cada una de las palabras clave de los cinco pasos.

Desechar ___________________________________

Recordar ___________________________________

Exaltar ____________________________________

Rendirte ___________________________________

Agradecer__________________________________

HAZLO *personal*

Vuelve a leer la oración de Betty Scott Stam. Tómate unos minutos para escribir tu propia plegaria de rendición al Señor.

9. CINCO ESTRATEGIAS PARA FLORECER COMO SOLTERA

Yo (Bethany) llegué al estacionamiento de la farmacia repleta de gente. De camino a la puerta delantera, pasé un mar de hombres románticos que llevaban ramos de rosas rojas. Con el Día de los Enamorados a la vuelta de la esquina, la venta de flores, globos en forma de corazón, osos de peluche, pasteles, enormes tarjetas románticas y fresas cubiertas de chocolate estaba en su punto máximo. La gente arrebataba esos artículos sentimentales de manera vertiginosa. La tienda parecía una explosión de rojo, rosa y corazones.

Parecía que todos en la tienda tenían prisa, excepto yo. No era más que una mujer inocente y soltera que había ido a comprar mi máscara de pestañas favorita. Mientras hacía fila para pagar mi maquillaje, me golpeó la realidad de mi absoluta soltería. Otro Día de los Enamorados y yo seguía perfectamente soltera. No había posibilidad alguna a la vista. Nadie me interesaba. Nada se asomaba en el horizonte. No había con quién salir el Día de los Enamorados (a excepción de Fluffy mi perra, pero dudo que fuera la compañía ideal en ese día).

En lugar de dejarme inundar por la desesperación en la tienda (como lo hubiera hecho en años anteriores), fue sorprendente lo bien que estaba en la condición que Dios había dispuesto para mí. Había madurado y aceptado genuinamente esa etapa de mi vida. La idea de estar (otra vez) soltera el Día de los Enamorados no me deprimió como de costumbre. Reconocía que estaba soltera, y estaba bien. Al menos tendría unas pestañas espectaculares. Algo es algo, ¿verdad?

Llegar a ese momento de completa alegría, paz y plenitud fue un punto crucial en mi vida. En lugar de ver mi soltería como una etapa intermedia, había llegado a amarla y a disfrutarla de verdad. En lugar de deprimirme el Día de los Enamorados (y detestar a las muchachas que tenían novio), había decidido ser una mujer resuelta, productiva y centrada en Cristo.

En lugar de ver mi soltería como una etapa intermedia, había llegado a amarla y a disfrutarla de verdad.

No tenía novio. No celebraba el Día de los Enamorados. No tenía un hombre que me susurrara cosas dulces al oído. Era yo, y solo yo. Puedo decir con sinceridad que no solo sobreviví esa etapa de mi vida, sino que realmente florecí. Y fue maravilloso.

Sin embargo, seré totalmente sincera contigo. Pasé momentos en ambos lados del espectro (sobreviviendo y floreciendo), y sé lo que se siente de ambos lados. Sin duda, florecer es mucho mejor. Aprendí que ya no tenía que fingir una sonrisa ni obligarme a estar contenta. Cristo me dio paz y alegría verdaderas, lo cual era más gratificante que cualquier cosa que un hombre me podía ofrecer.

CINCO ESTRATEGIAS PARA FLORECER COMO SOLTERA

Vivir en este estado de satisfacción como soltera es exactamente lo que quiero para ti. En vez de limitarte a sobrevivir tus años de soltera, quiero que florezcas verdaderamente en ellos. Sin embargo, esto no sucede de la noche a la mañana. En años recientes he ideado cinco estrategias que me ayudaron a florecer como soltera. Si deseas no conformarte con sobrevivir tus años de soltera, estas cinco estrategias también te serán de ayuda.

1. VIVE PARA CRISTO

Las mujeres solteras pueden ejercer un papel influyente en el reino de Dios. Tienen energía, por lo general, tienen juventud y la disponibilidad de invertir su vida en el prójimo. Tienen cierta flexibilidad que las mujeres casadas no tienen. No tienen un esposo que deban atender o ayudar. No tienen que cuidar una relación matrimonial. Pueden dedicar ese tiempo adicional a otras cosas.

En lugar de desperdiciar tus días esperando la próxima etapa, vive con propósito y resolución. Aprovecha esta extraordinaria etapa de la vida y vive con la eternidad en mente. ¿Te imaginas cómo sería el mundo si las mujeres solteras vivieran para Cristo? Imagina lo que sucedería si sirvieran en nuestras iglesias, discipularan a las mujeres más jóvenes que las rodean, si buscaran activamente dar testimonio del evangelio y valoraran a Cristo por encima de todo. Nuestras iglesias serían totalmente diferentes. Nuestras familias serían totalmente diferentes. Nuestros barrios serían totalmente diferentes. Nuestras ciudades serían totalmente diferentes. Y nuestro mundo sería totalmente diferente.

Como decimos Kristen y yo en nuestro libro *Una chica definida por Dios*, "Cuando la eternidad llegue, solo importarán las cosas que hiciste por Cristo".[1] Decide ser una mujer soltera que vive conforme a esta realidad.

2. CULTIVA LA PIEDAD

Nunca antes ha sido tan fácil estudiar la Palabra de Dios y cultivar la piedad como ahora. Existen podcasts, libros, sermones en línea y toda clase de tecnología avanzada para ayudarte a crecer. Tienes acceso a las enseñanzas de casi todos los grandes héroes de la fe del pasado y del presente. Puedes buscar en la Internet cualquier pasaje de las Escrituras y encontrar una gran serie de sermones que te enseñen sobre ella. Las oportunidades para aprender son infinitas. Solo tienes que dar la máxima prioridad a cultivar la piedad.

Mi automóvil es uno de mis lugares favoritos para aprender y crecer. Cada vez que me subo a mi auto, me propongo escuchar un audiolibro o un podcast. Esos momentos han sido muy provechosos para madurar espiritualmente. Te animo a utilizar tu tiempo para cultivar la piedad. Busca algo que funcione para ti. Puede ser mientras conduces tu automóvil, haces ejercicio, te preparas por la mañana o en otros momentos.

"Cuando la eternidad llegue, solo importarán las cosas que hiciste por Cristo".

Después que Kristen se casó, me animó a aprovechar mis años de soltera para crecer. Me dijo que cuanto más invirtiera en mi carácter, mayor sería la bendición para mi futuro matrimonio. Te animo a que sigas también sus consejos y te dediques a desarrollar tu carácter.

3. BUSCA OPORTUNIDADES PARA SERVIR

Existen muchas necesidades en nuestras iglesias y comunidades. Las mujeres jóvenes necesitan ejemplos piadosos y mentoras.

1. Clark y Beal, *Una chica definida por Dios*, p. 199.

Las personas mayores necesitan amor y compañía. Las madres jóvenes podrían necesitar una mano amiga. Si abrimos los ojos y comenzamos a mirar a nuestro alrededor, no tardaremos mucho en encontrar una necesidad.

A la hora de ayudar a otros y servir, con demasiada frecuencia esperamos que la oportunidad llame a nuestra puerta. Si la oportunidad no llega, no hacemos nada. En lugar de esperar que se te presenten oportunidades, sal a buscarlas. Busca con ahínco oportunidades para servir. Si notas una necesidad en tu iglesia, sé la primera en ofrecerte como voluntaria. Si ves a una madre joven que parece agobiada, ofrece llevarle una comida. Si conoces a una mujer mayor viuda de tu iglesia, invítala a tomar un café.

Te animo a buscar activamente oportunidades para servir. No esperes a que alguien te lo pida. Servir a los demás es fundamental para dejar de mirar tus propias circunstancias y concentrarte en amar a los demás. Sin lugar a dudas, el servicio es una estrategia clave para florecer como soltera.

Sin lugar a dudas, el servicio es una estrategia clave para florecer como soltera.

4. ACEPTA LOS ASPECTOS ÚNICOS DE ESTA ETAPA

No te pierdas lo que Dios tiene para ti en este momento. Hay demasiadas mujeres solteras que desperdician estos increíbles años de oportunidades. No cometas el mismo error. Vive de lleno el presente.

Te animo a que lo hagas aceptando los aspectos únicos de esta etapa y sacando el máximo provecho de ella para la gloria de Dios. Aprovecha la oportunidad de hacer lo que sería imposible si estuvieras casada. Por ejemplo, mi hermana menor, Ellissa, se ofreció como voluntaria para una organización misionera en China durante varias semanas en el verano. Ella vio que la flexibilidad propia de la soltería se lo permitía. Está sirviendo a Dios de un modo que quizá sería difícil si estuviera casada.

Te animo a que veas tu soltería desde esta perspectiva. Recuerda que Dios tiene un propósito para ti en esta etapa. Aprovecha las oportunidades únicas que se te presentan y aprende a verlas como bendiciones, no como maldiciones. Si logras ver esta etapa desde esta perspectiva, florecerás como soltera.

5. EXPANDE TU COMUNIDAD MÁS ALLÁ DE LOS SOLTEROS

En nuestra sociedad, las personas tienden a congregarse por edad y etapa de la vida. Los niños se juntan con niños. Los adolescentes se juntan con adolescentes. Los universitarios se juntan con universitarios. Los solteros se juntan con solteros. Las personas casadas se juntan con personas casadas. Los ancianos se juntan con ancianos. Los grupos no se mezclan mucho.

En vez de limitar tu comunidad y amistades estrictamente a personas solteras, intenta mezclarte un poco. Pasa tiempo con gente más joven que tú. Sal con tus abuelos o con parejas de ancianos de tu iglesia. Conoce a las familias con niños pequeños. Adquiere la sabiduría de las parejas que han estado casadas durante varias décadas. Sal de tu grupo de amistades habituales y experimenta los beneficios que te ofrecen quienes se encuentran en otras etapas de la vida.

> Sal de tu grupo de amistades habituales y experimenta los beneficios que te ofrecen quienes se encuentran en otras etapas de la vida.

Si estás dispuesta a expandir tu comunidad más allá de los solteros, madurarás y crecerás como nunca antes. Ampliar tu comunidad te ayudará a florecer como soltera.

No te conformes con sobrevivir

El día que salí de esa tienda que estaba repleta de rosas rojas y globos en forma de corazón, me concentré en estas cinco estrategias. Mi vida estaba llena de oportunidades para bendecir y servir a quienes me rodeaban. En lugar de centrarme solo en mi deseo de casarme, estaba decidida a servir a Dios como una mujer soltera.

Si te preguntas cómo poner en acción estas cinco estrategias en tu vida diaria, estas son algunas sugerencias prácticas de mi época de soltería:

- ASISTÍ A REUNIONES SEMANALES DE ESTUDIO BÍBLICO Y COMPAÑERISMO.
- PARTICIPÉ EN LA ESCUELA DOMINICAL DE JÓVENES ADULTOS DE MI IGLESIA.
- FUI VOLUNTARIA EN LA COORDINACIÓN DEL COMITÉ DE BIENVENIDA EN LA ESCUELA DOMINICAL.
- ESCRIBÍ UN BLOG, DI CONFERENCIAS Y ESCRIBÍ PARA LOS MINISTERIOS GIRLDEFINED Y AVIVA NUESTROS CORAZONES[2].
- DIRIGÍ EL PROGRAMA DE AWANA PARA JÓVENES DE SECUNDARIA DE MI IGLESIA.
- DISCIPULÉ SEMANALMENTE A MIS DOS HERMANAS MENORES.
- ME ENCONTRÉ CON MUJERES CRISTIANAS SERIAS PARA TOMAR UN CAFÉ Y ANIMARNOS MUTUAMENTE.
- ESCUCHÉ PODCASTS, AUDIOLIBROS Y SERMONES CRISTIANOS PARA PROFUNDIZAR EN MI CONOCIMIENTO DE DIOS.
- LEÍ LIBROS CRISTIANOS PARA CRECER EN MI MADUREZ COMO MUJER CRISTIANA.

---

2. Puedes leer mi blog en Aviva Nuestros Corazones; https://www.avivanuestroscorazones.com/authors/bethany-baird/posts/.

- PLANIFIQUÉ Y ORGANICÉ NOCHES DE JUEGOS Y REUNIONES SOCIALES PARA OTRAS PERSONAS SOLTERAS.

Estas son algunas maneras prácticas en las que apliqué las cinco estrategias en mi propia vida. Ten la libertad de tomar algunas de mis ideas o usa las tuyas propias. Tal vez tu iglesia o comunidad te ofrezca otras oportunidades. El objetivo no es hacer lo mismo que yo. El objetivo es hacer *algo* por Dios. Manos a la obra. Ayuda a otros. Sirve. Concéntrate en madurar como mujer cristiana soltera.

> El objetivo es hacer algo por Dios.

Cuanto más pongas en acción estas cinco estrategias, más florecerás como soltera. Y, quién sabe, puede que también cruces con valor el mar de hombres románticos y rosas rojas para agarrar tu máscara de pestañas favorita.

CAPÍTULO 9

GUÍA DE ESTUDIO

"En vez de limitarte a sobrevivir tus años de soltera, quiero que florezcas verdaderamente en ellos".

1. ¿Qué porcentaje refleja mejor tu experiencia como soltera (la cantidad total debe sumar 100%)?

   Floreciendo = _____%   Sobreviviendo = _____%

2. Menciona una forma en la que puedes aplicar cada una de las cinco estrategias en este momento.

   Vive para Cristo. ______________________________

   ____

   Cultiva la piedad. ______________________________

   ____

   Busca oportunidades para servir. ________________

   ____

   Acepta los aspectos únicos de esta etapa.__________

   ____

   Expande tu comunidad más allá de los solteros. _____

   ____

3. Bethany mencionó algunas formas en las que ella aplicó estas cinco estrategias cuando era soltera. Enumera tres formas en las que puedes practicarlas en tu vida diaria en este momento.

   1. ______________________________
   2. ______________________________
   3. ______________________________

HAZLO *personal*

Manos a la obra. Haz algo por Dios. De las tres cosas que enumeraste anteriormente, elige una para poner en práctica esta semana.

PARTE 4

VAYAMOS AL FONDO DEL ASUNTO

10. CÓMO SER "SOLO AMIGOS" CON LOS VARONES

Las lágrimas corrían por mi rostro (el de Bethany) al desahogarme por el fracaso de una amistad con un muchacho. "¿Por qué las amistades con los varones siempre tienen que terminar así? —le pregunté a Kristen en mi frustración—. Pensé que habíamos acordado ser 'solo amigos'. ¿Por qué tuvo que romper nuestro acuerdo?".

En ese momento, añoraba el día de casarme al fin. Estaba harta de los dramas y ansiosa por superar esta complicada etapa de la vida. Es difícil tratar de ser "solo amigos" de los varones (lo que sea que eso signifique) y contrarrestar el interminable drama de "quién gusta de quién".

Como la mayoría de las jóvenes, nosotras luchamos a su edad por ser solo amigas de los muchachos. Aunque teníamos la intención de no salir solo por diversión, era difícil. Era confuso. A pesar de los acuerdos mutuos que hacíamos con los varones, las cosas siempre parecían terminar de manera incómoda y frustrante.

Luego llegó el día más difícil. El día que Kristen se me adelantó y dejó atrás su soltería para casarse con Zack. Fue su día glorioso. Se alegró de dejar atrás el complicado mundo de los "solo amigos". Yo me preguntaba cuánto tiempo más tendría que soportar esta etapa de confusión. Lamenté la idea de tener que soportar, posiblemente durante años, ese tipo de relaciones.

> *Aunque deseaba dejar atrás mi etapa de soltera, Dios tenía otros planes para mí.*

Aunque deseaba dejar atrás mi etapa de soltera, Dios tenía otros planes para mí. En vez de continuar luchando con los conflictos y la confusión de ser "solo amigos", decidí buscar una mejor opción. No quería perpetuar una etapa de relaciones conflictivas de la "zona de amigos". En mi corazón, sabía que tenía que haber una manera de tener amistades con varones que fueran apropiadas, saludables y que honraran a Dios. Solo que todavía no estaba segura de cómo lograrlo.

La amistad con el sexo opuesto que va por mal camino

Nunca olvidaré el día cuando descubrí lo que estaba haciendo mal. Estaba sentada en una sesión de preguntas y respuestas en una conferencia cristiana sobre el noviazgo y las relaciones. En una hoja de papel, escribí la pregunta: "¿Es posible ser solo amigos con personas del sexo opuesto?". Doblé la hoja y la metí en la canasta llena de docenas de otros papeles doblados. Durante la sesión, mi pregunta salió elegida. La respuesta que dio el orador fue muy simple y, sin embargo, increíblemente reveladora.

Aunque no recuerdo las palabras exactas del orador, recuerdo claramente estar sentada en esa sesión y darme cuenta de cuál había sido mi error en mi amistad con los varones. Al responder mi pregunta, el orador nos alentó (a la audiencia) en dos áreas clave:

1. NO LÍMITES LA AMISTAD CON UN MUCHACHO SOLO A USTEDES DOS. PROCURA QUE TU AMISTAD CON UNA PERSONA DEL SEXO OPUESTO SE DESARROLLE EN UN MARCO

GRUPAL. ESFUÉRZATE POR INCLUIR A OTROS EN LA RELACIÓN.

2. PROCURA QUE LA RELACIÓN NO TENGA UN CARÁCTER MUY SENSIBLE NI SENTIMENTAL. TRATA DE NO ABRIR MUCHO TU CORAZÓN PARA QUE ESO NO LOS UNA DE UNA MANERA EMOCIONAL Y POCO SALUDABLE. RESERVA LA PARTE DE LAS EMOCIONES PROFUNDAS PARA TUS AMIGAS.

En los días siguientes a esa conferencia, me di cuenta de que no solo había usado a ciertos muchachos para satisfacer mi deseo emocional, sino que también había sido egoísta en mi interacción con ellos. En lugar de hacer de Cristo el centro de esas amistades, a menudo yo era el centro. Quería llamar la atención. Quería ser el eje. Quería sentirme especial y valorada. Por egoísmo y conveniencia, había usado esas amistades para hacerme sentir bien. Justificaba mis acciones con la excusa de que: "Solo somos amigos" y luego permitía que esas amistades siguieran un camino que no era "solo amigos".

Mientras pensaba en lo que había dicho el orador, me di cuenta de que sí era posible ser solo amigos con los varones. Solo necesitaba hacer algunos cambios de fondo en mi corazón y mis acciones. Necesitaba mantener deliberadamente esas amistades en un marco grupal, y evitar que esas relaciones tuvieran un carácter profundamente sentimental.

El fondo del asunto de ser solo amigos

Ambas creemos firmemente que es posible para las mujeres solteras tener amigos varones. Con una actitud correcta del corazón, límites sabios establecidos y un verdadero deseo de honrar a Cristo, las amistades entre hombres y mujeres pueden ser alentadoras y beneficiosas.

Cuando se trata de la amistad entre personas del sexo opuesto, las mujeres solteras tienden a adoptar dos actitudes diferentes. Algunas huyen de los hombres. Estas pertenecen al grupo que se juntan en reuniones sociales. Hablan poco con los hombres. No hacen ningún esfuerzo por hacerse amigas de los hombres que las rodean. Por alguna razón (es diferente para cada una), estas mujeres han decidido que la mejor opción para ellas es evitar e ignorar a los hombres.

Ambas creemos firmemente que es posible para las mujeres solteras tener amigos varones.

Otras mujeres tienden a adoptar la actitud opuesta. Persiguen a los hombres (sin duda alguna, ambas caímos en esta categoría). Este es el tipo de mujer que no tiene problemas para acercarse a un hombre y llamar su atención. Suele ser audaz, coqueta y extrovertida. Hace todo lo posible por llamar y mantener la atención de los hombres. Le gusta que se fijen en ella y normalmente hace lo que sea para recibir la atención que ansía.

En apariencia, ambos grupos responden de manera muy diferente al sexo opuesto. Sin embargo, en un examen más profundo se descubre que las mujeres de ambos grupos tienen el mismo problema subyacente: *están centradas en sí mismas*. Se preocupan más por lo que las hace sentir felices y a gusto, y piensan poco en cómo alentar y acercar a los hombres que las rodean a Cristo. Por lo general, tampoco están concentradas en glorificar a Dios a través de la amistad saludable entre un hombre y una mujer.

Sin embargo, hay otro grupo de mujeres que aún no hemos mencionado. Este grupo suele ser el menos común de los tres. Es el grupo del que me encantaría que formaras parte.

Las mujeres de este tercer grupo han encontrado un equilibrio saludable entre amar a sus hermanos en Cristo y mantener una amistad pura que honre a Cristo. Estas mujeres han puesto toda su identidad en Cristo. No ignoran a los hombres. No persiguen a los hombres. No usan a los hombres para satisfacer sus deseos de llamar la atención. No ven a los hombres como su fuente de identidad.

Las mujeres de este grupo se cercioran de que su deseo de honrar a Cristo incentive sus acciones, palabras y motivaciones. Tienen sumo cuidado de mantener amistades grupales, centradas en Cristo y menos íntimas emocionalmente con los hombres. Estas mujeres no son irreflexivas ni negligentes. Se preocupan por cuidar su propio corazón, así como el corazón de los hombres solteros con quienes interactúan.

A ambas nos encanta la forma como el autor Joshua Harris describe las amistades entre un hombre y una mujer. "Dios no quiere que huyamos del otro ni que nos usemos el uno al otro para buscar la gratificación personal o un romance de corta duración. Él nos llama a estar comprometidos firmemente con las amistades bíblicas. En las relaciones hermano-hermana, los hombres y las mujeres se estimulan mutuamente a la piedad: resisten el mal juntos, buscan a Dios juntos, se honran uno al otro y crecen en gracia uno al lado del otro".[1]

EL FILTRO DE LA AMISTAD MASCULINA

Glorificar a Dios debería ser el objetivo de todas tus amistades con un muchacho, y la motivación que te impulse a evaluar tus acciones y examinar tu corazón. "Si, pues, coméis o bebéis, o hacéis otra cosa, hacedlo todo para la gloria de Dios" (1 Corintios 10:31). Con esto en mente, vamos a mostrarte cómo glorificar a Dios en nuestra amistad con los hombres.

Para ello, hemos ideado un sencillo filtro que se llama el filtro de la amistad masculina. Este útil filtro te mostrará cinco aspectos superprácticos de tus amistades masculinas. Mientras piensas en tu amistad con cada varón, responde con sinceridad las preguntas basadas en cada aspecto. Sé sincera sobre tus pensamientos y disponte a hacer cambios en las amistades que lo requieran.

Detente ahora mismo y piensa en un amigo específico que tengas. ¿Tienes uno en mente? Bien, una vez que tengas un amigo específico en mente, pasa tu amistad a través del filtro. Una vez que pases por las cinco partes, vuelve al principio y repite el ejercicio con cada uno de tus amigos.

---

1. Harris, *I Kissed Dating Goodbye*, p. 131.

1. ¿CUÁNTO TIEMPO PASO CON ESTE AMIGO (VER EFESIOS 5:15-16)?

   Haz una pausa y evalúa la cantidad de tiempo que pasas con este muchacho. Hazte estas preguntas:

   ¿Estoy pasando muchas horas con él?

   ¿Me he propuesto pasar tiempo con él dentro del marco de un grupo?

   ¿Tengo cuidado de que el tiempo que paso con él honre a Cristo?

   ¿Estoy tratando de encontrar mi identidad y valor en la cantidad de tiempo que paso con él?

   ¿Estoy descuidando a mis amigas por mi amistad con él?

2. ¿NOS PONEMOS SENTIMENTALES (VER PROVERBIOS 17:27)?

   Abrir el corazón, revelar sentimientos profundos y hablar sobre temas personales puede llevar a una relación de "solo amigos" por un camino peligroso. Las conversaciones íntimas provocan intimidad. Ten cuidado con el tipo de información que le cuentas (así como con la información que estás dispuesta a escuchar). Hazte estas preguntas:

   ¿Soy cautelosa con la información que le cuento?

   ¿Hablo de temas personales o íntimos con él?

   ¿Le abro mi corazón?

   ¿Lo uso para mi propia gratificación emocional?

3. ¿DE QUÉ TEMAS HABLAMOS (VER EFESIOS 4:29)?

   Tus conversaciones con solteros siempre deben ser puras y honrar a Dios. Hazte estas preguntas:

   ¿Qué temas predominan en la mayoría de mis conversaciones con este amigo?

¿Mis conversaciones con este joven contienen comentarios vulgares, sarcásticos o groseros?

¿Mis palabras acercan a este amigo a Cristo o lo alejan de Él?

¿Son mis palabras sugerentes, insinuantes o seductoras?

4. ¿ESTE JOVEN ES UN AMIGO PIADOSO PARA MÍ (VER 1 CORINTIOS 15:33)?

Al elegir un amigo, considera cuidadosamente su estilo de vida y sus acciones. El hecho de que sea un hombre que camina, respira y sonríe no significa que debas entablar una amistad con él. Sé prudente con los varones que eliges como amigos. Hazte estas preguntas:

¿Tengo intenciones de elegir amigos piadosos?

¿Mi amistad con este muchacho es saludable y beneficiosa?

¿Mi amistad con él compromete mis costumbres?

¿Este muchacho me acerca más a Cristo o me aleja de Él?

5. ¿QUÉ TAN FÍSICA ES NUESTRA AMISTAD (VER 1 TESALONICENSES 4:3-5)?

Muchos hombres y mujeres solteros luchan en el área del contacto físico y las demostraciones de afecto. Procura que tu amistad esté marcada por la pureza y la santidad. Deberías fomentar la pureza en él en el aspecto físico. Hazte estas preguntas:

¿Me controlo con mis manos, abrazos, etc.?

¿Mis interacciones físicas con él son íntimas o sensuales?

¿Estoy honrando a mi futuro esposo con mi manera de tocar a este amigo?

¿Qué tipo de mensaje le transmite mi interacción física con él?

La amistad con el sexo opuesto que va por buen camino

Nos alegraría ver a más mujeres y hombres solteros interactuar de manera que honre a Cristo y se edifiquen mutuamente. Cuando se hace con la actitud correcta, por las razones correctas y de la manera correcta, ser solo amigos con un muchacho puede ser algo hermoso.

Yo (Bethany) disfruté mucho de mis amistades en los últimos años. Desde que tomé la decisión de ser más cuidadosa en mi forma de interactuar con los hombres solteros, mi amistad con ellos ha sido una gran bendición. Gracias a ellos me he acercado más a Cristo, y espero haber hecho lo mismo por ellos.

¿Son siempre fáciles y sin complicaciones mis amistades con los hombres? No. ¿Tengo que hacer ajustes o repensar mis acciones en ocasiones? Sí. Seré la primera en admitir que no siempre interactúo de la manera perfecta. Debido a mi personalidad extrovertida y amigable, tengo que examinar siempre mi corazón, y asegurarme de no ser sugerente o egoísta. Tengo que evaluar con sinceridad estas amistades y procurar que mis propios deseos no se conviertan en el centro de mi corazón.

Tu actitud deliberada y consciente pondrá a ambos en el buen camino para desarrollar una gran amistad.

Ambas te alentamos a que hagas lo mismo con tus amistades masculinas. Evalúa con frecuencia tu corazón, tus motivos y tus acciones, y asegúrate de que tu objetivo sea honrar a Cristo. Analiza constantemente a tus amigos varones pasándolos por el filtro de la amistad masculina. Si no estás segura de cierto aspecto de una amistad, pide a una mujer sabia su sincera opinión. Cuanto más tiempo analices ahora tus amistades masculinas, mejor preparada estarás para detectar posibles problemas antes de que se conviertan en problemas reales. Tu actitud deliberada y consciente pondrá a ambos en el buen camino para desarrollar una gran amistad.

Te retamos a seguir el ejemplo de Bethany. Decide formar parte del grupo número tres. No persigas a los muchachos y tampoco los evites. En cambio, míralos como hermanos en Cristo y decide amarlos de una manera que glorifique a Dios. Si estás dispuesta a actuar de manera consciente y deliberada en tu interacción con los varones (aunque sea difícil), desarrollarás amistades prometedoras que glorificarán a Dios y serán una verdadera bendición.

CAPÍTULO 10

GUÍA DE ESTUDIO

"Cuando se hace con la actitud correcta, por las razones correctas y de la manera correcta, ser solo amigos con un muchacho puede ser algo hermoso".

1. ¿Alguna vez has tenido una amistad con un muchacho "que fue por mal camino"? ¿Qué pasó y qué harías diferente esta vez?

____

____

____

2. ¿De qué manera te cuesta ser "solo amigos" con un muchacho?

____

____

____

3. Cuando se trata de los varones, ¿tiendes a huir de ellos o a perseguirlos? ¿Cuál es tu motivación o razón para actuar de esa manera?

____

____

____

4. ¿Recuerdas los dos consejos útiles que Bethany aprendió: "No límites la amistad con un muchacho solo a ustedes dos" y "Procura que la relación no tenga un carácter muy sensible ni sentimental"? ¿Cuál te resulta más difícil de practicar? ¿Por qué?

____

____

____

5. ¿Cómo te fue con el filtro de la amistad masculina? ¿Qué cambios necesitas hacer para tener una amistad que honre más a Cristo?

____

____

____

HAZLO *personal*

¿Hay pasos específicos que debas tomar en función de tu evaluación con el filtro de la amistad masculina? Si es así, pide a Cristo que te ayude a iniciar esos pasos esta semana.

11. ¿ESTÁ BIEN SALIR CON ALGUIEN NO CRISTIANO?

"¡Conocí a un muchacho increíble la semana pasada en la universidad! Nos llevamos bien al instante. ¡Sentía que nos conocíamos de toda la vida!".

Así comenzaba un correo electrónico que recibimos de una joven soltera de veintidós años llamada Katherine.

Luego dijo: "Después de charlar veinte minutos, me invitó a salir. ¡Le dije que sí! Y aquí es donde las cosas se complican. Después de salir con él, descubrí que no es cristiano. Y lo peor: no le interesa Dios para nada. Pero me gusta mucho este muchacho. ¡Congeniamos en todo! No sé qué debo hacer. Me invitó a salir otra vez, y la verdad es que quiero ir. ¿Creen que es un gran problema que no sea cristiano? ¡Por favor ayúdenme!".

Correos electrónicos como el de Katherine son habituales en la bandeja de entrada de GirlDefined Ministries. Con frecuencia recibimos correos electrónicos con preguntas como: "¿Qué hay de malo en tener una relación con un no cristiano?", "¿Qué pasa si él es un hombre con valores morales, pero no es cristiano? ¿Está bien salir con él?", "Nos amamos, y el amor es más grande que la religión, ¿verdad?", "Él no es cristiano, pero está dispuesto a ir a la iglesia conmigo. ¿Eso es suficiente?".

Todas estas son excelentes preguntas que requieren respuestas sólidas. Tal vez te hayas hecho estas preguntas. Antes de responder si salir con un no cristiano está mal, primero debemos hacernos esta pregunta: *¿Cuál es el propósito de una relación amorosa?* A lo largo de las Escrituras, las relaciones románticas piadosas siempre están ligadas al propósito del matrimonio. La Biblia nunca describe un romance puro que honra a Cristo que esté desligado del matrimonio. ¿Por qué? Porque el romance no es una actividad independiente. Es una puerta de entrada que nos lleva a un destino final: *el matrimonio*.

Como hemos mencionado en capítulos anteriores, las relaciones amorosas no deben emprenderse de modo irresponsable, sino con un propósito y con una actitud deliberada y consciente. El objetivo de la relación debe ser descubrir si Dios quiere que te cases con esa persona. Con esta perspectiva en mente, debemos tener sumo cuidado de con quién estamos dispuestas a salir.

> La Biblia nunca describe un romance puro que honra a Cristo que esté desligado del matrimonio.

Cuando se trata de salir con alguien no cristiano, la Palabra de Dios tiene consejos sabios que nos pueden ayudar. Como señala John Piper con acierto: "El texto clave está en 1 Corintios 7:39 donde dice que la mujer 'libre es para casarse con quien quiera, con tal de que sea en el Señor' [NVI]. Esa pequeña frase 'en el Señor' se agrega al que de otra forma sería un inocente matrimonio para advertir: 'No salgas del Señor para casarte'".[1] Básicamente, este versículo es una exhortación directa a casarse con alguien que está en el Señor (es decir, un verdadero cristiano). Y, dado que el noviazgo

1. John Piper, "¿Qué le digo a mi amigo cristiano quien se acaba de comprometer con una persona no cristiana?", Desiring God, 31 de diciembre de 2008; https://www.desiringgod.org/interviews/what-can-i-say-to-my-christian-friend-who-just-got-engaged-to-a-non-christian?lang=es.

debería conducir al matrimonio, no sería prudente salir con un hombre que no sea cristiano.

Aquí hay otro versículo clave que aborda este problema: "No os unáis en yugo desigual con los incrédulos; porque ¿qué compañerismo tiene la justicia con la injusticia? ¿Y qué comunión la luz con las tinieblas?" (2 Corintios 6:14). Si te estás preguntando qué significa "yugo desigual", el pasaje trata de ilustrar lo siguiente: un yugo es una barra de madera que une a dos bueyes y permite que tiren de él juntos. Cuando un buey es más grande, más alto, más pequeño o más débil que el otro, hace que el equipo pierda toda eficacia. No pueden realizar bien las tareas. En lugar de trabajar juntos, terminan trabajando uno contra el otro.

Cuando sales de novia o te casas con un no creyente, la Biblia dice que son como un par de bueyes unidos de manera desigual. Básicamente, no son una buena pareja. Encontrarás grandes diferencias espirituales, que finalmente te impedirán avanzar. No estarán unidos en lo más fundamental de la vida cristiana: *Vivir para la gloria de Dios*. El mandato en este versículo deja claro que casarse con un no creyente sería desobedecer a Dios. Esto puede parecer duro, pero cuando recordamos lo que debe reflejar el matrimonio (el evangelio), vemos cuán importante es este mandato.

Y, si aún no estás convencida, aquí hay seis problemas principales que encontrarás si decides iniciar una relación con un no cristiano.

1. NO TIENEN LA MISMA MISIÓN (VER MATEO 28:19-20; HEBREOS 12:1-2).
   Como mujer cristiana, estás aquí con una misión para Dios. Él es tu rey. Estás llamada a vivir para la gloria de Dios, a evangelizar a los perdidos y a hacer discípulos. Un novio que no es cristiano no participará en esta misma misión contigo porque no sirve al mismo Rey. Lo más probable es que te encuentres luchando por tu cuenta con poco apoyo o comprensión.

2. NO PUEDEN BUSCAR AL SEÑOR JUNTOS (VER MATEO 6:33; LUCAS 10:27).
   Mientras este hombre no sea creyente, nunca podrán buscar al Señor juntos. Nunca orarán a Dios juntos, buscarán la sabiduría del Espíritu Santo juntos ni aprenderán de la Palabra de Dios de la misma manera.

3. ÉL NO PUEDE OFRECERTE UN LIDERAZGO ESPIRITUAL (VER HEBREOS 3:13; 10:24; TITO 1).
   Dios llama a los hombres a ser líderes espirituales, y un no cristiano no puede ofrecerte eso. Sin importar cuán bueno o moral sea, no puede ofrecerte un liderazgo espiritual, porque no tiene una relación con Dios.

4. NO TENDRÁN LAS MISMAS NORMAS Y CONVICCIONES (VER ROMANOS 8:7-8; HEBREOS 11:6).
   Sin importar cómo lo disfraces, un no cristiano difícilmente podrá compartir tus normas bíblicas. Ya sea que toquen el tema de la pureza, los medios sociales, las actividades, el idioma u otra cosa, la mayoría de las veces estarán en desacuerdo.

5. NO TENDRÁN EL MISMO PUNTO DE VISTA (VER ROMANOS 12:2; 2 TIMOTEO 3:16).
   Ya sea que hablen de política, de los temas candentes del día, de la evolución, del aborto u otra cosa, un no cristiano verá la vida desde una perspectiva totalmente diferente a la tuya. Su fuente de verdad no es la Palabra de Dios, por lo que su punto de vista estará en desacuerdo con el de Dios en muchas áreas.

6. TENDRÁN CONFLICTOS AL CRIAR A SUS FUTUROS HIJOS (VER PROVERBIOS 22:6; JOSUÉ 24:15).
   Si decides casarte con un no cristiano, enfrentarás mayores retos. Criar hijos en una casa espiritualmente dividida es muy difícil. Mamá querrá criar a los hijos en el amor del

> Señor, pero papá no. Mamá querrá llevar a los niños a la iglesia, pero papá no. Sus hijos nunca experimentarán el liderazgo espiritual que un padre está llamado a dar.

Ambas esperamos que estos seis problemas te hayan abierto los ojos a las principales trampas de salir con un no cristiano. Esperamos que puedas ver cuán imprudente es.

"Bueno, ¿qué pasa con el noviazgo con misión evangelística?", podrías preguntar. O: "¿Qué pasa si salgo con un no cristiano, pero prometo no casarme con él a menos que se convierta a Cristo?". Para responder estas preguntas, lee atentamente las sabias palabras de Candice Watters:

> "Dado que el propósito del noviazgo es encontrar un cónyuge y que los creyentes no deberían casarse con incrédulos, no debemos engañarnos a nosotros mismos y pensar que está bien tener citas amorosas, siempre y cuando no nos casemos con un incrédulo. Es muy probable, y muy común, que lo que comienza como una inocente relación pasajera, solo como amigos, sin ningún vínculo emocional, termine siendo una relación de amor. No serías la primera persona en pensar que es inofensivo, hasta que todo termina en una ruptura desgarradora o un acto de desobediencia que destruye la fe".[2]

Independientemente de cuán agradable, moral o divertido sea un hombre no cristiano, no cedas a salir con él. Obedece la Palabra de Dios. Presta atención a las señales de advertencia de Dios. Confía en que sus caminos son mejores que los tuyos. Coloca a Dios primero en tu vida. Por difícil que sea decirle no (o romper una relación actual), a la larga estarás agradecida de haber obedecido a Dios.

---

2. "Is it OK for a Christian to Date a Nonbeliever for Practice?", Boundless, 11 de junio de 2012, http://www.boundless.org/advice/2012/is-it-ok-for-a-christian-to-date-a-nonbeliever-for-practice.

Y para la mujer cristiana que está casada con un esposo incrédulo, queremos alentarte a obedecer la Palabra de Dios y a ser fiel en tu matrimonio (ver 1 Corintios 7:12-14). Por más difícil que pueda ser tal situación, 1 Pedro 3:1-2 da esperanza a estas esposas: "Asimismo vosotras, mujeres, estad sujetas a vuestros maridos; para que también los que no creen a la palabra, sean ganados sin palabra por la conducta de sus esposas, considerando vuestra conducta casta y respetuosa".[3]

Obedece la Palabra de Dios. Presta atención a las señales de advertencia de Dios. Confía en que sus caminos son mejores que los tuyos.

3. Para profundizar en este importante tema, recomendamos adquirir un ejemplar del libro de Nancy Kennedy, *When He Doesn't Believe: Help and Encouragement for Women Who Feel Alone in Their Faith* (Colorado Springs: Waterbrook, 2001).

CAPÍTULO 11

GUÍA DE ESTUDIO

"Cuando sales de novia o te casas con un no creyente, la Biblia dice que son como un par de bueyes unidos de manera desigual. Básicamente, no son una buena pareja".

1. Con base en este capítulo, describe en tus propias palabras por qué no es prudente salir con un no creyente.

____

____

____

2. ¿Cómo afecta 2 Corintios 6:14 tu decisión de salir con un joven no cristiano?

____

____

____

3. En el espacio a continuación, dibuja cómo crees que se vería un par de bueyes en yugo desigual.

4. Sin repasar el libro, trata de completar la oración para cada problemática citada:

   1. No tienen la misma __________.
   2. No pueden buscar al Señor __________.
   3. Él no puede ofrecerte un __________.
   4. No tendrán las mismas normas y __________.
   5. No tendrán el mismo __________.
   6. Tendrán conflictos al criar __________.

   ¿Qué otras áreas problemáticas puedes agregar a la lista? Piensa al menos en dos más.

   ____

   ____

   ____

5. Según lo que vimos en este capítulo, ¿casarse con un hombre no cristiano sigue o no los parámetros de la Palabra de Dios?

   ____

   ____

   ____

HAZLO *personal*

Escribe una breve oración para pedir a Dios que te dé fuerzas para obedecerlo en esta área de tu vida.

12. CUALIDADES PARA BUSCAR EN UN FUTURO ESPOSO

Con una frívola sonrisa en el rostro, pasábamos unas buenas vacaciones de verano. Como dos jóvenes adolescentes, sabíamos los ingredientes para pasarla bien. Solo toca el tema de muchachos guapos en cualquier conversación y la vida se convertirá instantáneamente en una fiesta llena de carcajadas.

Pasábamos horas y horas literales sentadas en la cama de nuestros padres jugando nuestro juego favorito. ¿Cuál? Nada menos que el juego "elige a tu futuro esposo de revista". ¡Cómo nos encantaba jugar a eso! Agarrábamos una pila de revistas comerciales de nuestra madre y luego las abríamos una por una. Pasábamos a la primera página donde había hombres. Y luego nos turnábamos para elegir a nuestro futuro esposo. Pero había una trampa. Cada una podía elegir solo un hombre por revista. Eso significaba que no podíamos coincidir ni elegir a los mismos hombres. ¡Qué angustia! Solo imagina el drama cuando una de nosotras elegía al "hombre más lindo" y a la otra le quedaba la segunda mejor opción. Menos mal que no tuvimos muchas peleas de hermanas en ese pequeño juego. No hacíamos más que reímos tontamente y gritar ante la idea de casarnos con uno de esos lindos modelos de las grandes tiendas. Al mirar atrás, nos reímos de nuestro comportamiento adolescente. ¡Si la vida fuera así de simple! Abres una revista. Pasas la página. Eliges un hombre guapo. Y, ¡ahí está!... tu marido perfecto. Desgraciadamente, la vida real no es tan fácil. Elegir un esposo requiere mucha más sabiduría que elegir el modelo más guapo de una revista.

Más que un hombre guapo

Elegir un esposo será una de tus decisiones más importantes. Será el hombre con quien pasarás el resto de tu vida. Te quedarás dormida junto a él por la noche. Despertarás junto a él por la mañana. Pasarán vacaciones juntos. Criarán a los niños juntos. Serán abuelos juntos. Crearán los mejores recuerdos juntos. Compartirán los momentos más difíciles juntos. Serán espiritualmente, como dice Génesis 2:24, "una sola carne".

Una de las peores cosas que puedes hacer por ti es tomar esta decisión trascendental a la ligera. Elegir con quién casarse debería ser una decisión muy bien sopesada.

> Elegir con quién casarse debería ser una decisión muy bien sopesada.

Ambas estamos agradecidas por los sabios consejos y opiniones que nuestros padres nos dieron a lo largo de nuestra adolescencia. Con regularidad, nos animaban a considerar el tipo de hombre con el que nos queríamos casar. Nos retaban a pensar en nuestra vida proyectada al futuro, diez, veinte e incluso cuarenta años. ¿Qué valoraríamos en un futuro esposo cuando hubiera pasado el tiempo? ¿Qué cualidades desearíamos ver en un padre para nuestros futuros hijos? ¿Serían la buena apariencia y un cuerpo sexualmente atractivo nuestra prioridad número uno? ¿O anhelaríamos algo más sustancial?

Como dice un autor: "La mayoría de las mujeres casadas desea que el hombre de su vida sea piadoso, que tenga un buen sentido del humor (la vida es difícil, la risa ayuda), que sea un padre presente, que tenga una sólida ética de trabajo. Y, sin embargo, esas cuatro cualidades a veces quedan en segundo plano entre las mujeres solteras".[1] En lugar de vivir miopes y casarnos por razones superficiales (por ejemplo, que es guapo, le quedan muy bien las botas o tiene buenos músculos), pensemos en el futuro y escojamos sabiamente.

Tres cualidades imprescindibles para buscar en un futuro esposo

Cuando se trata de casarnos, todas tenemos en mente a nuestro futuro esposo ideal. Todas tenemos nuestras preferencias, prioridades y aspectos que realmente nos importan. Yo (Kristen) tenía algunas preferencias personales. Quería casarme con un joven que realmente amara a Dios con todo su corazón, con toda su alma, con toda su mente y con todas sus fuerzas. Quería que mi futuro esposo tuviera un serio deseo de seguir a Dios. Si iba a seguir a mi esposo, quería que él estuviera sujeto a una autoridad superior. Y… en el aspecto más superficial, quería casarme con un joven que fuera más alto que yo (¡mido 1,85 m!). Y, por alguna razón, me sentía más atraída hacia los hombres con nariz delgada (lo sé, una tontería).

Quería que mi futuro esposo tuviera un serio deseo de seguir a Dios.

Yo (Bethany) también he tenido mi preferencia personal con respecto a mi futuro esposo a lo largo de los años. Cuando era soltera, sin marido en el horizonte, tuve mucho tiempo para pensar en lo que más valoraba. Para ser totalmente sincera, casarme con un hombre de carácter íntegro y que amara al Señor crecía en

1. Thomas, *Sacred Search*, 45.

importancia con cada año que pasaba. También deseaba casarme con un hombre que amara profundamente a Jesús y quisiera usar su vida para testificar de Él.

Ambas podríamos seguir enumerando una larga lista de cualidades para buscar en un futuro esposo. Podríamos ir detalle tras detalle, y explicar la importancia de cada cualidad. Por más útil que sea, hemos decidido resumirlo de manera simple, concisa y fácil de recordar. Te daremos tres cualidades imprescindibles que debes buscar. Conocer estas tres cualidades te permitirá mirar a cualquier joven y determinar si tiene potencial para ser un buen esposo. Vayamos a la primera cualidad.

BUSCA UN HOMBRE CON VISIÓN

Si estás considerando a un hombre como un esposo potencial, debes tener un claro conocimiento de su visión espiritual. ¿Cómo va a guiarte (y bien) si no tiene una visión espiritual para su familia? Un hombre que estás considerando como esposo no necesita tener todos los pequeños detalles de su vida resueltos, pero sí necesita tener una visión de lo que quiere para su vida y para ti, como su esposa.

La Biblia, de hecho, tiene un mandato muy específico para los esposos que, como mujeres solteras, debemos tener en cuenta. Efesios 5:25-27 dice: "Maridos, amad a vuestras mujeres, así como Cristo amó a la iglesia, y se entregó a sí mismo por ella, para santificarla, habiéndola purificado en el lavamiento del agua por la palabra, a fin de presentársela a sí mismo, una iglesia gloriosa, que no tuviese mancha ni arruga ni cosa semejante, sino que fuese santa y sin mancha". La misión de un esposo es purificar a su esposa mediante el agua de la Palabra. Básicamente, significa que él necesita ayudarla a crecer en su relación con Cristo. Al considerar si un hombre tiene el potencial de ser un buen esposo, fíjate si comprende su misión como líder en este sentido. Eso te ayudará a determinar su visión.

Si la persona que estás considerando solo piensa en divertirse y hacer fiesta los fines de semana, no es un hombre de gran visión espiritual. Y si no tiene ninguna visión en mente, definitivamente, no es un buen candidato.

> *La misión de un esposo es purificar a su esposa mediante el agua de la Palabra.*

Cuando yo (Kristen) conocí a Zack, me encantó que él tuviera una visión espiritual para su vida. No tenía todo resuelto (ningún plan a setenta años con la parcela para su sepultura comprada), pero sabía qué quería para su vida. Quería trabajar duro para mantener a su familia. Quería ministrar a los demás. Quería hacer un trabajo misionero a corto plazo. Quería servir en su iglesia. Quería ser mentor y discipular a hombres jóvenes. Tenía la visión de servir al Señor, y sabía que podía apoyarlo y seguir su ejemplo. Aquí hay algunas preguntas prácticas que puedes hacer a un posible futuro esposo. Sus respuestas te darán una pista sobre el tipo de hombre que es ahora y el hombre que planea ser en el futuro.

- ¿DÓNDE QUIERES ESTAR DENTRO DE DIEZ AÑOS?
- ¿QUÉ TAN IMPORTANTE SERÁ LA IGLESIA PARA TU FAMILIA?
- ¿CÓMO TE VES EN TU ROL DE LÍDER ESPIRITUAL DE TU ESPOSA?
- ¿QUÉ PRIORIDAD TENDRÁ EL MINISTERIO EN TU VIDA Y EN LA VIDA DE TU ESPOSA?
- ¿QUÉ TIPO DE LEGADO QUIERES DEJAR?

BUSCA UN HOMBRE CON **PASIÓN**

Los hombres tienden a hablar sobre lo que les apasiona. Si les apasiona el fútbol, hablarán de ese tema. Si les apasiona la comida, hablarán de ese tema. Si les apasionan las mujeres, hablarán de ese tema. Si les apasiona el Señor, hablarán de Él.

A la hora de elegir un futuro esposo, necesitas a alguien apasionado por el Señor. Eso no significa que deba hablar de Dios cada segundo del día, sino que necesita tener una relación sólida con Él. Deuteronomio 6:5 dice: "Y amarás a Jehová tu Dios de todo tu corazón, y de toda tu alma, y con todas tus fuerzas". Esforzarse por amar al Señor con todo su corazón es una cualidad fundamental en un futuro esposo. Si él no está apasionado por Dios, ¿no derivará su pasión hacia otra cosa? Si Dios no es el centro de su vida, ¿cómo te guiará y te amará bien? ¿Qué lo motivará a querer permanecer a tu lado a medida que envejezcas? ¿Qué lo motivará a ponerse de rodillas y acudir a Dios en busca de sabiduría?

> *Cásate con un hombre que hoy viva apasionado por el Señor.*

Si un hombre comprende realmente el evangelio y lo que Cristo hizo por él, se apasionará por Cristo. Si no le apasiona su relación con Dios, debes saber por qué. ¿Por qué no siente pasión por el Salvador que dio su vida por él?

Casarse con un joven que es atlético, entusiasta y seductor, pero que carece de visión, puede parecer divertido cuando eres joven y no tienes problemas; pero piensa en el futuro. Piensa en tu futuro. ¿Qué pasará cuando tengas sesenta años? ¿Setenta? ¿Ochenta? ¿Qué pasará cuando la vida se ponga difícil? ¿Qué tipo de hombre querrás entonces?

Cásate con un hombre que hoy viva apasionado por el Señor. Es una cualidad imprescindible en un futuro esposo.

BUSCA UN HOMBRE CON **PROPÓSITO**

Encontrar un hombre que conozca su propósito es crucial. Si el hombre de tu vida no conoce el propósito que Dios le ha dado como hombre cristiano, deambulará constantemente y nunca encontrará una razón convincente para vivir. Nunca encontrará la verdadera satisfacción en la vida y siempre estará buscando lo ajeno, más por ajeno que por bueno.

El hombre de tu vida necesita entender que Dios lo creó con una finalidad y un propósito. Debe conocer su llamado como cristiano ("Por tanto, id y haced discípulos a todas las naciones" [Mateo 28:19], "Amarás al Señor tu Dios con todo tu corazón, y con toda tu alma, y con toda tu mente" [Mateo 22:37], y "Si, pues, coméis o bebéis, o hacéis otra cosa, hacedlo todo para la gloria de Dios" [1 Corintios 10:31]). Si conoce perfectamente el propósito de su vida, siempre tendrá una razón para levantarse del sillón, dejar los videojuegos y usar su vida para influenciar a otros. Siempre estará motivado para vivir por algo más que para él mismo. Siempre encontrará oportunidades de trabajar duro. Siempre comprenderá cómo y por qué obedecer la Palabra de Dios.

> *Elige un esposo que conozca el propósito que Dios le ha dado.*

Cuando era soltera (Bethany), siempre que conocía a un hombre que parecía que tenía buen potencial, rápidamente trataba de descubrir cuál era su propósito. No buscaba perfección. Solo quería saber qué impulsaba su vida. ¿Cómo eran sus días? ¿Cómo eran sus semanas? ¿Conocía su propósito como cristiano? ¿Demostraban sus acciones que tomaba en serio su rol como cristiano? Las respuestas a estas preguntas rápidamente me ayudaban a determinar si tenía el potencial de ser un buen esposo. Elige un esposo que conozca el propósito que Dios le ha dado. Elige a un hombre cuya misma existencia esté marcada por Alguien más grande que él. Cuyos días y semanas estén llenos de la motivación de glorificar a Dios. Recuerda que, si él conoce verdaderamente su propósito, su vida y sus acciones lo demostrarán.

¿Con qué clase de esposo quieres pasar el resto de tu vida?

Cuando te imaginas casada algún día, ¿con qué tipo de esposo quieres pasar el resto de tu vida? Si Dios tiene reservado el matrimonio para tu futuro, oramos para que elijas a conciencia. No te conformes con alguien que tenga la apariencia de un modelo de revista, pero que no tenga un corazón para el Señor. Profundiza y descubre qué quiere en la vida. ¿Cuál es su visión? ¿Qué le apasiona? ¿Qué le da un sentido de propósito? Un hombre cuya vida se caracteriza por estas cosas y vive para el Señor es el tipo de persona con quien la Biblia aconseja casarse.

CAPÍTULO 12

GUÍA DE ESTUDIO

"Un hombre cuya vida se caracteriza por estas cosas [visión, pasión y propósito] y vive para el Señor es el tipo de persona con quien la Biblia aconseja casarse".

1. Asigna un número (del 1 al 10) a cada cualidad de la siguiente lista en el orden que consideres de menor a mayor para un futuro esposo (donde 1 es el menos importante y 10 el más importante).

    __ lindo rostro
    __ gran personalidad
    __ carácter piadoso
    __ gracioso
    __ musculoso
    __ fiel y puro
    __ sirve en la iglesia
    __ fiestero
    __ romántico
    __ ama a Jesús

2. En tus propias palabras, ¿cómo es para ti un hombre con visión?

____

____

____

3. ¿Por qué crees que es tan importante casarse con un hombre con pasión?

____

____

____

4. Mateo 22:37 dice: "Amarás al Señor tu Dios con todo tu corazón, y con toda tu alma, y con toda tu mente". ¿Cómo debería influir este versículo en tu elección del hombre para casarte?

____

____

____

5. ¿Quién es el hombre más inspirador y piadoso que conoces? ¿Por qué?

____

____

____

HAZLO personal

Toma un diario personal y escribe las siguientes palabras: *visión, pasión y propósito*. Debajo de cada palabra, escribe algunas frases que mejor describan estas cualidades. Mantén esta lista a mano para recordar en el futuro, recibir aliento y orar por el tipo de hombre con el que deseas casarte.

13. QUÉ HACER CUANDO ÉL TE EXPRESA INTERÉS

Soñaste con este momento. Lo ves venir, y se te seca la boca. Hablaste con este joven muchas veces después de la iglesia, pero hoy sientes algo diferente. Algo importante está por suceder. A medida que se acerca a ti, tu corazón comienza a latir con fuerza.

Él inicia su amena conversación dominical como cualquier domingo. Parece bastante entusiasmado... tal vez incluso nervioso.

Conversan sobre el sermón y los últimos acontecimientos. Luego, estratégicamente, cambia de tema. Te comenta lo mucho que ha disfrutado conocerte en los últimos meses. Te dice que le gusta todo lo que tienen en común. Luego pronuncia las palabras que estabas esperando. Las palabras que nunca pensaste escuchar. Con una sonrisa que te derrite el corazón, te expresa cuánto te admira. Luego te dice que le encantaría conocerte mejor.

Tu corazón da un salto mortal dentro de tu pecho. Te pellizcas para asegurarte de no estar soñando. *No*. Es real. Y está sucediendo ahora mismo.

Él está interesado en ti, ¿y ahora qué?

Él te habla. Tú estás interesada. ¡Ambos están entusiasmados! ¿Ahora qué? Esa es la pregunta del millón. ¿Qué debería suceder después? ¿Cómo manejar ese momento para que sea una relación que honre a Dios?

Zack y yo (Kristen) nos hicimos las mismas preguntas antes de iniciar nuestra relación. Buscamos mucha sabiduría y consejos. Al final, descubrimos que no había un sistema perfecto que pudiéramos seguir (por ejemplo, salir como amigos, salir con un propósito serio, salir como novios, salir como prometidos, etc.). Zack y yo no estábamos tan preocupados por cómo llamar al "proceso de nuestra relación" tanto como por ser *intencionales*. Honrar a Dios y ser intencionales fueron nuestros objetivos principales.

En este capítulo, no te ofreceremos un sistema paso a paso para llevar tu relación. Cada relación tendrá diferentes variables. No hay un modelo único para todos. Sin embargo, hay una manera más sabia y más centrada en Cristo de hacer las cosas. Nuestro objetivo es darte una visión más amplia. Queremos mostrarte cómo abordar de manera práctica tu relación para la gloria de Dios.

Como vimos en el capítulo 7, el objetivo de tu relación amorosa debe ser glorificar a Dios (ver Salmos 115:1). El propósito de tu relación amorosa debe ser descubrir si tú y ese hombre deben casarse. Y, si te casas, el objetivo de tu matrimonio debe ser reflejar una bella imagen del evangelio.

Para lograr ese objetivo final, este es el momento para ser intencional. Cada decisión que tomes te acercará más a tu objetivo final o te alejará más de él. Si ahora decides mantener a Cristo en el centro de tu relación amorosa, sentarás una base sólida para tu futuro matrimonio. Si falta este aspecto, estarás construyendo tu relación sobre arena movediza. Toda tu energía se concentrará en el yo. En cambio, si mantienes a Cristo en el centro de la relación, tu pasión se centrará en glorificar a Dios.

Antes de tirarte de cabeza

Cuando Zack expresó su interés por mí (Kristen), ambos teníamos una visión de futuro para la relación: *el matrimonio*. Zack me propuso comenzar a salir con el fin de ver si estábamos bien preparados para el matrimonio. Sin embargo, antes de aceptar la proposición de Zack, me hice tres preguntas importantes. Antes de iniciar una relación amorosa con cualquier joven, te recomiendo que te plantees también estas tres preguntas.

1. ¿ES ÉL UN VERDADERO CRISTIANO?
2. ¿SOMOS LO SUFICIENTEMENTE MADUROS PARA INICIAR UNA RELACIÓN SERIA?
3. ¿ME VEO CASADA CON ÉL EN EL FUTURO?

Si la respuesta a cualquiera de estas preguntas es no, entonces no sería prudente iniciar una relación con esa persona. Como vimos en el capítulo 11, si él no es un cristiano genuino, está fuera de discusión iniciar una relación amorosa con él (ver 2 Corintios 6:14). Si ambos son demasiado jóvenes o inmaduros para buscar una relación seria con la visión de matrimonio, sería mucho más prudente esperar. Y si no puedes verlo con el potencial de ser un buen esposo, no pierdas el tiempo en una relación con él.

Para Zack y para mí, las tres preguntas fueron una luz verde que nos permitió avanzar en oración.

Desarrolla una amistad con parámetros

Después de aceptar con entusiasmo iniciar una relación con Zack, nos propusimos pasar más tiempo juntos, pero con parámetros. No formamos pareja e inmediatamente nos tiramos de cabeza a vivir el romance. En cambio, desarrollamos una amistad especial bajo ciertos parámetros, diferente de la amistad casual que habíamos disfrutado en años anteriores. Esta fue una etapa muy divertida. No nos conocíamos muy bien, así que comenzamos por conocer nuestros valores y creencias principales. Como la relación estaba en la fase inicial, no queríamos nublar nuestro pensamiento y juicio con demasiado romanticismo. Nuestro lema para esta etapa fue "romance al mínimo, amistad al máximo".

Para lograrlo, pasábamos deliberadamente la mayor parte de nuestro tiempo en grupos o entornos públicos. Permitimos que nuestras familias y amigos fueran partícipes. Queríamos el aporte y el consejo de aquellos en quienes más confiábamos. Mi papá invirtió bastante tiempo con Zack para conocerlo también.

Esta etapa inicial fue importante para descubrir si estábamos interesados en llevar las cosas más allá. Nos hicimos muchas preguntas pertinentes. ¡Y disfrutamos un montón de hacernos preguntas! Descubrimos lo que cada uno creía sobre Dios, la teología, la familia, el futuro, el éxito, los valores, las convicciones y mucho más. Estas preguntas deliberadas nos ayudaron a conocernos mutuamente en un nivel más profundo. Cuando nos topábamos con cosas en las que no estábamos de acuerdo (lo que sucedió más de una vez), nos sumergíamos en la Palabra de Dios y buscábamos la sabiduría de otras personas sobre ese tema.

> Te animamos a desarrollar una amistad con parámetros claros antes de lanzarte a vivir el romance.

Después de varios meses de una relación de amistad (y mucha oración), ambos nos sentimos seguros de avanzar en la relación.

Por lo general, en estos tiempos modernos la etapa de la amistad en una relación se omite. Las parejas se zambullen directamente en el romance y las demostraciones físicas de afecto antes de construir cualquier tipo de base. Se aíslan de todos los familiares y amigos. Buscan muy poca sabiduría de otras personas. Como resultado, la pareja comienza a "sentirse" enamorada mucho antes de conocerse verdaderamente. Por lo general, luego terminan por arrepentirse y echarse atrás en la relación. Como Gary Thomas expresa muy bien:

"La atracción romántica, por más maravillosa y emocionante que sea, en realidad puede hundirte más que ayudarte".[1]

Te animamos a desarrollar una amistad con parámetros claros antes de lanzarte a vivir el romance. Conoce a ese joven en aspectos fundamentales.

Estas son algunas preguntas para hacerte durante esta fase inicial de amistad intencional:

- ¿QUÉ CREE ÉL ACERCA DE DIOS?
- ¿CUÁL ES SU VISIÓN?
- ¿CUÁLES SON SUS PASIONES?
- ¿QUÉ LE DA UN PROPÓSITO?
- ¿QUÉ LO IMPULSA EN LA VIDA?
- ¿CÓMO PASA SU TIEMPO LIBRE?
- ¿CONOCE EL PROPÓSITO DE DIOS PARA EL MATRIMONIO?
- ¿VALORA LA MASCULINIDAD Y LA FEMINIDAD BÍBLICAS?
- ¿VALORA LA PUREZA Y LA SANTIDAD?
- ¿TE TRATA CON RESPETO?
- ¿SE RODEA DE INFLUENCIAS PIADOSAS?
- ¿ASUME LA RESPONSABILIDAD PERSONAL?
- ¿PARTICIPA ACTIVAMENTE EN UNA IGLESIA LOCAL?

Estas son solo algunas preguntas que necesitas responder. Para algunas preguntas adicionales, consulta el Apéndice B (50 preguntas para hacer al principio de la relación) en la página 263. No estás buscando la perfección, sino señales de que él es un hombre que realmente busca a Dios y tiene una firme visión bíblica del mundo. Cuando hayas dedicado suficiente tiempo a desarrollar una amistad sólida, hazte algunas preguntas generales. Después de lo que has aprendido de él, ¿todavía parece tener el potencial de ser un buen esposo? ¿Es alguien con quien todavía puedes verte

1. Thomas, *Sacred Search*, p. 27.

pasar el resto de tu vida? ¿Tienen unidad espiritual? ¿Las personas piadosas que los rodean están a favor de esa relación? ¿La relación honra a Dios (incluso cuando nadie los ve)?

Las respuestas a estas preguntas importantes te ayudarán a determinar si sería prudente continuar avanzando en la relación. Si en algún momento durante esta etapa se hace evidente que no es una buena opción, no sigas adelante. Termina la relación en lugar de prolongarla de manera innecesaria. Ten la valentía para cortar con la relación ahora.

Avanza hacia una relación más seria

Una vez que Zack y yo desarrollamos una amistad sólida, avanzamos con naturalidad hacia una relación más seria. Pude ver claramente que Zack era un hombre de carácter piadoso e integridad. Deseaba honrar a Dios en nuestra relación. Recibía con beneplácito el aporte y la sabiduría de otras personas. Aceptaba el consejo de nuestros padres y otras personas piadosas. Para mí, estas fueron grandes señales de que Zack deseaba honrar a Dios. Quería casarme con alguien con ese tipo de carácter.

Esta fue una nueva etapa emocionante y divertida. Continuamos conociéndonos, pero ahora en un nivel mucho más profundo. Nos hicimos preguntas más difíciles, que afectarían nuestras vidas si nos casábamos. Hablamos de cosas como nuestros planes futuros, nuestra carrera, nuestra opinión sobre los roles de género, las finanzas y los hijos. También nos adentramos en el pasado de cada uno y hablamos de las luchas pasadas contra el pecado, las relaciones anteriores y las presiones actuales. Con sinceridad y transparencia, nos conocimos en un nivel más íntimo. Es importante conocer estas cosas para seguir avanzando. Queríamos saber todo lo que pudiéramos.

Puesto que no vimos ninguna señal de alerta, seguimos avanzando. Nuestras familias seguían participando con entusiasmo en la relación. Todo se veía genial.

A medida que las cosas progresaron con naturalidad, nos permitimos ser más románticos en la relación. Flores, tarjetas románticas, invitaciones a cenar y más. Sin embargo, seguíamos manteniendo el contacto físico al mínimo. Zack y yo deseábamos permanecer puros durante todo el proceso de la relación (lo cual es mucho más fácil decirlo que hacerlo). Establecimos algunos límites y compromisos firmes, y dijimos a nuestros padres que seríamos responsables ante ellos.

Nuestros límites incluían cosas como no estar completamente solos en una casa, evitar pasar la noche solos en el automóvil, no besarnos hasta el día de nuestra boda y reservar el sexo para el matrimonio. Aunque no éramos perfectos, nuestros límites físicos nos ayudaron a proteger nuestra pureza y honrar a Dios (en el próximo capítulo hablaremos más sobre los límites).

Esta etapa del proceso de la relación es vital. Conocer el corazón de tu novio es clave. Conoce su pasado, sus luchas, sus fracasos y sus victorias. No dejes nada fuera. Esto es crucial para descubrir las señales de alerta o los puntos de desacuerdo no negociables. No tengas miedo de hacer preguntas difíciles. Recuerda que si el objetivo final es tener un matrimonio que honre a Dios, debes asegurarte de que ese hombre sea alguien con quien realmente quieras casarte.

Conocer el corazón de tu novio es clave.

¿Puedes aceptarlo con su pasado? ¿Qué carga emocional (si la hubiera) formará parte de su futuro juntos (por ejemplo, adicción a la pornografía, relaciones sexuales pasadas, abuso de drogas o alcohol, deuda financiera, etc.)? ¿De dónde provienen sus puntos de vista sobre temas como la familia, la carrera, los roles de género y los hijos? Estas son solo algunas preguntas entre muchas que son muy importantes para debatir durante esta etapa. Continúa buscando los consejos y el aporte de otras personas. Rodea tu relación de sabiduría piadosa. Procura ser responsable ante otros y establecer límites estrictos.

Considera si deberías casarte

Con un fundamento sólido, Zack y yo comenzamos a ver luces verdes para el matrimonio. Zack tenía las cualidades básicas de carácter que yo deseaba en un esposo. Yo tenía las cualidades básicas que él deseaba en una esposa. Teníamos visiones, pasiones y objetivos similares. Nos divertíamos mucho juntos. Ambos amábamos a Dios y queríamos honrarlo en nuestras vidas. Teníamos la misma opinión con respecto a todos los principales temas controversiales. Nuestras familias seguían apoyando nuestra relación. Todo se movía en una excelente dirección.

En lugar de saltar directamente al compromiso, queríamos dar un paso intencional más. Solo porque nos amábamos y queríamos casarnos no significaba automáticamente que debíamos hacerlo. Como dice un autor: "El hecho de que estés 'enamorado' de alguien no significa que debas considerar seriamente casarte con él".[2]

> Solo porque nos amábamos y queríamos casarnos no significaba automáticamente que debíamos hacerlo.

Zack y yo comenzamos a buscar asesoramiento específico para saber si debíamos casarnos. Buscamos intencionalmente el tipo de consejo "previo al compromiso" y el aporte de parejas piadosas de nuestra iglesia. Recibir el aporte de parejas piadosas y permitir que nos hicieran preguntas específicas y puntuales fue sumamente beneficioso. Esta fase fue breve, pero esencial para asegurarnos de que estábamos hechos el uno para el otro y que no quedaba nada por aclarar. No queríamos despertarnos del otro lado del matrimonio con grandes sorpresas.

A medida que la relación romántica progrese hacia el compromiso, busca alguna forma de asesoramiento previo al compromiso. Esto será diferente para cada pareja. La clave es reunirse con una

2. Ibíd., p. 26.

pareja mayor y más sabia. Incluso pueden pedir que los guíen durante esta etapa de la relación. Pídanles todo el consejo posible. Invítenlos a participar en su relación y estén dispuestos a profundizar.

Esta etapa de la relación es crucial para descubrir si el siguiente paso debería ser el matrimonio. Si todas las luces están verdes, ambos deben sentirse seguros y entusiasmados de avanzar hacia el compromiso.

Di "sí" al matrimonio

Con la puesta del sol sobre la bella región montañosa de Texas, Zack se arrodilló y me pidió que fuera su esposa. Con un hermoso anillo de diamantes que brillaba frente a mí, lo miré a sus ojos marrones sin poder imaginar pasar mi vida con nadie que no fuera él. Con lágrimas de alegría que corrían por mi rostro, le dije enfáticamente: "¡Sí!". Después de un gran abrazo, Zack puso el anillo en mi dedo y nos quedamos allí absortos en ese increíble momento.

Sabía, sin lugar a dudas, que Zack Clark era el hombre con quien quería casarme. Era el hombre por el que había orado desde que tenía catorce años. Era el hombre con el que quería pasar mi vida en servicio a Dios. Toda mi familia lo amaba, y toda su familia me amaba. Todos nuestros amigos cercanos estaban emocionados y nos apoyaban. Todos los consejos que recibimos nos habían señalado el camino hacia el matrimonio.

Los siguientes ocho meses fueron un frenesí de planificación para la boda y la vida. Por más emocionados que estuviéramos por el gran día, queríamos prepararnos para la vida más allá de la luna de miel. Queríamos prepararnos para los pormenores de la vida matrimonial.

En preparación para el matrimonio, Zack y yo estudiamos algunos libros juntos sobre cómo edificar un matrimonio piadoso. También le preguntamos a nuestro pastor si podía darnos consejería prematrimonial. (Una vez que estés comprometida, te recomiendo que pidas a tu pastor consejería prematrimonial. Hay mucho qué aprender sobre el matrimonio, y un pastor piadoso puede ayudarte a ti y a tu prometido a prepararse bien. El asesoramiento y el consejo que Zack y yo recibimos de nuestro pastor, que había estado casado durante casi cincuenta años, fue de gran valor). Ese tiempo deliberado de aprendizaje sobre el matrimonio fue crucial para nosotros.

Luego, el 18 de junio de 2011, caminé por un largo pasillo de la iglesia hacia mi guapo futuro esposo. Mi corazón rebosaba de alegría. Con la asistencia de todos nuestros amigos y familiares, Zack y yo intercambiamos nuestros votos matrimoniales. Y entonces... finalmente llegó el momento que Zack y yo habíamos estado esperando. Con nerviosa emoción, nos dimos nuestro primer beso. Fue hermoso. Con el aplauso y los vítores en nuestro apoyo por parte de nuestros amigos, comenzó oficialmente nuestra nueva vida como pareja casada.

Nuestra luna de miel de doble destino en Costa Rica y Colorado fue increíble. Experimentar el espectacular regalo de Dios de la intimidad sexual dentro del matrimonio por primera vez fue una experiencia fantástica para ambos. Por dura que fuera la espera, sin duda valió la pena.

A medida que transcurría nuestro primer año de matrimonio, seguimos decididos a crecer juntos en nuestra vida espiritual. Continuamos buscando consejo, leyendo libros bien fundados, escuchando sermones edificantes y estudiando la Biblia juntos. Como cualquier pareja de recién casados, como es natural, también tuvimos conflictos y desacuerdos. Sin embargo, estábamos comprometidos a tratar de resolverlos. Estábamos comprometidos a crecer en nuestro matrimonio. La sólida base que habíamos construido antes de casarnos fue de gran ayuda para que nuestro primer año tuviera un gran comienzo.

A medida que tu relación progrese con entusiasmo hacia el compromiso y luego el matrimonio, sigue siendo cuidadosa y actúa de manera reflexiva. Estás a punto de hacer un pacto para toda la vida que no se parece a nada que hayas experimentado antes. Muchas parejas pasan la mayor parte del tiempo preparándose para el día de la boda y muy poco tiempo preparándose para el matrimonio; pero recuerda: nunca dejes de aprender y crecer.

> Nunca dejes de aprender y crecer.

No descuides la preparación para el matrimonio por la preparación para la boda. Necesitas ambas cosas. El matrimonio es la segunda decisión más importante de tu vida (después de la salvación), así que dedica tiempo a prepararte bien.

Ahora comienza una hermosa historia de amor

El proceso de una relación es divertido, emocionante y desafiante. Y será diferente para cada pareja. No hay dos historias iguales. En tu intención de honrar a Dios en esta área de tu vida, mantén tu relación con visión de futuro. ¿Dónde quieres estar en veinte años? ¿Qué tipo de matrimonio futuro esperas tener? Las elecciones que hagas ahora afectarán el resultado de las cosas.

> Recuerda constantemente el verdadero diseño de Dios para el amor, el matrimonio y el sexo.

Recuerda constantemente el verdadero diseño de Dios para el amor, el matrimonio y el sexo. Pide a Dios fuerzas para practicar la santidad y la pureza en tu relación. Ora. Ora. Y luego vuelve a orar. Si hay una palabra que podríamos dejarte, sería *intencionalidad*. Si realmente deseas honrar a Dios en tu vida amorosa, debes ser intencional en cada paso de la relación. Sé intencional sobre el tipo de persona que conoces. Sé intencional en la búsqueda de la sabiduría y el consejo. Sé intencional al establecer límites. Sé intencional en la búsqueda de la santidad y la pureza. Sé intencional para orar en cada paso del proceso.

Al manejar tu relación con intencionalidad y sabiduría, sentarás las bases para un matrimonio que glorifique a Dios.

CAPÍTULO 13

GUÍA DE ESTUDIO

"Si realmente deseas honrar a Dios en tu vida amorosa, debes ser intencional en cada paso de la relación".

1. A comienzos de este capítulo, te animamos a hacerte estas tres preguntas antes de iniciar una relación romántica:

   - ¿Es él un verdadero cristiano?
   - ¿Somos lo suficientemente maduros para iniciar una relación seria?
   - ¿Me veo casada con él en el futuro?

   ¿Por qué crees que es beneficioso responder sinceramente estas tres preguntas?

   ____

   ____

   ____

2. ¿Qué te pareció único y útil sobre el proceso en la relación de Zack y Kristen?

   ____

   ____

   ____

3. ¿Por qué es importante la intencionalidad en todo el proceso de relación?

   ____

   ____

   ____

4. Enumera cuatro beneficios que ves al desarrollar primero una amistad con parámetros claros.

   ____

   ____

   ____

HAZLO *personal*

Crea tu propia lista de preguntas que te permitan conocer a un joven en un nivel básico. Te ayudaremos a comenzar. . .

1. ¿Qué cree él acerca de Dios? ____________________
2. ¿Cuál es su visión? __________________________
3. ¿Cuáles son sus pasiones? _____________________
4. ____________________________________
5. ____________________________________
6. ____________________________________
7. ____________________________________

8. ____

9. ____

10. ____

14. UN NOVIAZGO SIN REMORDIMIENTOS

"¡Detengámonos aquí para una foto! Esta vista es increíble", dije (Bethany). Sin dudarlo, salí rápidamente del automóvil, junto con Kristen, Zack, nuestra madre y nuestra Nana. Los cinco estábamos de excursión hacia la cima de una de las montañas más bellas del mundo. Hicimos una breve pausa en el camino para tomar una foto y volvimos al vehículo. De manera lenta pero segura, proseguimos hacia la cima del Grossglockner, la montaña más alta de Austria.

Puesto que nuestra abuela materna (Nana) es austriaca nativa, siempre quisimos visitar su tierra natal. Esta era nuestra primera visita a ese lugar. Nana nació y creció en un pintoresco pueblo llamado Saalfelden. Austria era más impresionante de lo que habíamos imaginado. (Sin mencionar su deliciosísima comida. ¡Oh!... ¡Qué falta nos haces, filete vienés!).

A medida que subíamos la montaña, comenzamos a ver destellos de la magnífica cumbre. Estábamos ansiosos por llegar a la cima. Nuestro objetivo era llegar a la cima y disfrutar de la espectacular vista.

Aunque estábamos ansiosos por llegar a la cima, sabíamos la importancia de conducir despacio y no salirnos del camino. No había lugar para la distracción o el error. Un giro mal hecho y caeríamos a un precipicio de miles de metros hacia nuestra muerte. Teníamos que estar concentrados en el camino. Teníamos que mantener nuestros ojos puestos en el objetivo final.

Ninguno de los cinco se había sentido nunca más agradecido por las vallas de seguridad. Algunos giros eran extremadamente estrechos; pero, al mantenernos dentro de los límites y acatar las líneas divisorias de la carretera, las señales de precaución y los límites de velocidad, pudimos disfrutar del viaje. Sin accidentes. Sin caídas al precipicio. Sin giros mal hechos.

Después de varias horas, por fin llegamos a la cima. La vista era absolutamente impresionante. Ninguno de los cinco olvidaremos esa experiencia fenomenal en la montaña austriaca.

Evita remordimientos

Llegar a la cima del Grossglockner era nuestro objetivo final en esa excursión. Queríamos llegar a la cima sin tener nada qué lamentar. Como mujeres cristianas modernas, tenemos un objetivo común en nuestras relaciones amorosas. Queremos llegar al altar sin remordimientos. Queremos llegar a nuestro destino final (un matrimonio centrado en Cristo) sin caer al precipicio. Queremos disfrutar del viaje en todo su recorrido.

> *En la Biblia, Dios nos ha dado una hoja de ruta clara sobre cómo llegar a la cima con éxito.*

Para llegar a la cima y gozar de la maravillosa bendición de un matrimonio centrado en Cristo, tenemos que aceptar las vallas de seguridad de Dios para la relación a lo largo del camino. Tenemos que acatar las señales de precaución y las líneas divisorias de los caminos de Dios. Tenemos que prestar atención al límite de velocidad. Tenemos que conducir con precaución y sabiduría hasta llegar a la cima. Los límites y las recomendaciones ya no se consideran una carga, sino una bendición.

En la Biblia, Dios nos ha dado una hoja de ruta clara sobre cómo llegar a la cima con éxito. Nos ha dado instrucciones específicas para llegar allí sin sobrepasar los límites. Alcanzar la cumbre de Dios en nuestras relaciones amorosas exige intencionalidad de nuestra parte en perseguir tres objetivos clave durante la relación:

1. ADORACIÓN
2. PUREZA
3. SANTIDAD

Adorar significa valorar y estimar a Cristo por encima de todo. Cuanto más comprendamos el gran amor de Dios por nosotras y el precio que Cristo pagó por nuestros pecados en la cruz, más nos sentiremos impulsadas a vivir para su gloria. *Pureza* significa procurar tener un corazón y una mente libres de inmoralidad sexual. "La pureza sexual puede expresarse en lo que haces con tu cuerpo, pero nace en tu mente, en tu corazón y en tu alma".[1] *Santidad* significa vivir una vida "apartada" para la gloria de Dios. Como hijas de Dios, Él nos ordena ser santas porque Él es santo (ver 1 Pedro 1:16). Dado que Dios es la fuente de la verdadera realización y el verdadero gozo, si nos esforzamos por ser más como Él experimentaremos una satisfacción duradera. Nuestras relaciones amorosas glorifican más a Dios cuando las construimos sobre la adoración, la pureza y la santidad.

---

1. Juli Slattery, "5 Lies That Make Sexual Purity More Difficult", Boundless, 26 de mayo de 2014, http://www.boundless.org/relationships/2014/5-lies-that-make-sexual-purity-more-difficult.

EN 1 TESALONICENSES 4:3-5 LEEMOS: "PUES LA VOLUNTAD DE DIOS ES VUESTRA SANTIFICACIÓN; QUE OS APARTÉIS DE FORNICACIÓN; QUE CADA UNO DE VOSOTROS SEPA TENER SU PROPIA ESPOSA EN SANTIDAD Y HONOR; NO EN PASIÓN DE CONCUPISCENCIA, COMO LOS GENTILES QUE NO CONOCEN A DIOS".

Al adoptar un corazón de adoración, pureza y santidad en nuestras relaciones amorosas, no solo evitaremos gran parte del dolor y las consecuencias que descarrilan la mayoría de relaciones modernas, sino que también nos prepararemos para gozar lo mejor de Dios. El plan de pureza y santidad de Dios es una bendición porque nos mantiene en el camino correcto. El mejor camino. Nos ayuda a llegar a la cima. Nos permite disfrutar la espectacular vista panorámica.

Di "no" a los deslices sexuales

Una de las mayores tentaciones y luchas que impide a la mayoría de las parejas cristianas llegar a la cima es la inmoralidad sexual. Los deslices sexuales, la lujuria y la impureza son tentaciones constantes en cualquier relación amorosa. Al igual que el riesgo de caer al precipicio en cada esquina, los deslices sexuales se avecinan en cada esquina. Además, Hollywood hace que las rutas "alternativas" se vean atractivas. Al igual que en la fachada del cuento de hadas del capítulo 2, la opción todoterreno parece atractiva y aventurera. *Una noche de pasión no lastimará a nadie. Te vas a casar de todos modos... ¿Cuál es el problema de tener un poco de placer sexual? ¡Esas vallas de seguridad están arruinando toda tu posibilidad de disfrutar!* La presión de aceptar el pecado sexual nos llega

El plan de pureza y santidad de Dios es una bendición porque nos mantiene en el camino correcto.

desde todos los ángulos (sin mencionar los deseos pecaminosos de nuestro propio corazón).

Lamentablemente, muchas parejas cristianas deciden ignorar las vallas de seguridad. No tienen en cuenta las señales de precaución. Olvidan su objetivo final. Pierden de vista la necesidad de glorificar a Dios. En lugar de llegar a la impresionante vista en la cumbre, terminan a un lado de la carretera. O suspendidas sobre un precipicio. O luchando con neumáticos pinchados, un guardabarros abollado y un parabrisas roto. Ignorar el plan de pureza de Dios no producirá resultados que honren a Dios a largo plazo. Como señala Gary Thomas en su libro *The Sacred Search*: "Lo mismo que alimenta la castidad —el amor y el respeto por Dios— alimentará el entusiasmo sexual dentro del matrimonio. Lo mismo que alimenta la promiscuidad antes del matrimonio —el egoísmo y el miedo— matará el deseo sexual después del matrimonio".[2]

Si sueñas con un matrimonio sólido, puro y santo, debes comenzar a construirlo desde ahora. Una relación que honra a Dios debe construirse sobre un amor abnegado, no sobre la lujuria que busca la gratificación personal. "Si tu relación de noviazgo está sostenida por el pecado, ¿qué sostendrá su matrimonio?".[3] Si el pecado y los deslices sexuales son patrones continuos en tu relación actual, lo más probable es que sean los patrones predeterminados para tu futuro matrimonio. *Tú no quieres eso.*

Ignorar el plan de pureza de Dios no producirá resultados que honren a Dios a largo plazo.

Muchas mujeres cristianas tenemos luchas y descuidamos la pureza y la santidad en nuestras relaciones porque apartamos nuestros ojos de la meta. Nos concentramos en la relación en lugar de mantener nuestros ojos puestos en Dios. Comenzamos a adorar los *dones* en lugar del Dador de los dones (ver Romanos 1). Y, cuando eso sucede,

2. Thomas, *Sacred Search*, p. 211.
3. Ibíd., p. 48.

nuestros corazones pecaminosos se inclinan mucho más a ceder a la lujuria y a deslizarnos en el pecado. Cuando nuestros motivos se convierten en algo más que glorificar a Dios, nuestra carne pecaminosa nos atrae rápidamente, pues "cada uno es tentado, cuando de su propia concupiscencia es atraído y seducido" (Santiago 1:14).

Según los autores Sean Perron y Spencer Harmon: "Guardamos nuestro corazón porque buscamos adorar solo a Dios".[4] Para aceptar la santidad y la pureza en nuestras relaciones, debemos buscar adorar solo a Dios. Debemos dirigir nuestros afectos personales a amar más a Dios. Nuestras acciones deben ser motivadas por nuestro amor y obediencia a Cristo. Solo cuando adoremos y busquemos glorificar a nuestro Creador podremos mantener una pureza y santidad genuinas en nuestras relaciones amorosas. Al buscar primero a Cristo y adquirir una comprensión bíblica y positiva acerca del sexo, podemos experimentar un hermoso noviazgo sin lamentarnos de nada.

Dios puede redimir tu futuro.

Si te cuesta adoptar la pureza en tu propia vida y en tus relaciones, la respuesta no es simplemente "esforzarte más", sino buscar un verdadero cambio de corazón.

> Necesitamos profundizar en la única forma duradera de cambiar nuestro corazón: llevarlo a la gracia radical y costosa de Dios mediante Cristo en la cruz. Mostrar a tu corazón las profundidades infinitas a las que Él llegó para que tú pudieras ser libre del pecado y su condena. Esto te hace consciente no solo del peligro del pecado, sino también de su gravedad. Piensa en cuán ingrato es, piensa en cómo tu pecado no es solo contra la ley de Dios, sino también contra su propio corazón. Tu corazón se derrite al saber lo que Él ha hecho por ti. Tiembla ante el conocimiento de

4. Sean Perron y Spencer Harmon, *Letters to a Romantic: On Dating* (Phillipsburg, NJ: P&R Publishing, 2017), p. 32.

cuán digno es Él: Él es digno de toda gloria. Al final, es el gozo y la maravilla del evangelio lo que te cambiará para siempre.[5]

Una vez que hayas ajustado tu corazón conforme al evangelio, estarás lista para seguir algunas estrategias prácticas para alcanzar la pureza. Si tus relaciones pasadas (o actuales) han estado marcadas por la lujuria y la inmoralidad sexual, no permitas que esa sea la trayectoria de tu futuro. Como hemos mencionado en capítulos anteriores, Dios te ofrece sanidad y perdón por tus pecados cuando te confiesas y te arrepientes (ver 1 Juan 1:9). Dios puede redimir tu futuro. Puedes elegir caminar en pureza y santidad a partir de hoy. Te sugerimos que hagas una pausa y leas el Apéndice A al final del libro. Luego regresa y retoma la lectura.

TRES ESTRATEGIAS PARA BUSCAR LA PUREZA

Bueno. Es hora de ponernos muy, muy prácticas. Ambas sabemos lo difícil que es la batalla por la pureza y la santidad. Ya sea con nuestros pensamientos, nuestras motivaciones o nuestras acciones, enfrentamos tentaciones y luchas al igual que tú. ¡No es pan comido! Tampoco hemos hecho todo a la perfección. Hemos tenido deseos sexuales. Nos hemos deslizado. Hemos fallado, pero con la fortaleza de Cristo hemos seguido avanzando. Ninguna hará todo a la perfección de este lado del cielo, pero debemos seguir avanzando. Cuando pecamos, debemos apresurarnos a arrepentirnos, confesar nuestros pecados y retomar el camino. Adorar a Cristo es el objetivo. Buscar la santidad es el objetivo. Procurar la pureza es el objetivo. Y, con la fortaleza de Cristo, podemos ser

5. Timothy Keller, "Blemishes in Christian Character, Part 3: Change and Grace", Timothy Keller (blog), 10 de junio de 2013, http://www.timothykeller.com/blog/2013/6/10/blemishes-in-christian-character-part-3-change-and-grace?rq=purity.

victoriosas. "Mas gracias sean dadas a Dios, que nos da la victoria por medio de nuestro Señor Jesucristo" (1 Corintios 15:57).

En nuestras relaciones pasadas hemos descubierto algunas estrategias útiles para ganar la batalla por la pureza. Al adoptar estas tres estrategias, estarás mejor preparada para ganar la batalla.

ESTRATEGIA #1: MEMORIZA LAS ESCRITURAS.

La Palabra de Dios es poderosa. Es "viva y eficaz" (Hebreos 4:12). Si permaneces en la verdad de Dios a diario, estarás equipada con munición para ganar la batalla. Si no te has acostumbrado a memorizar las Escrituras, te recomendamos que comiences hoy mismo. Memorizar pasajes específicos de las Escrituras te equipará con la verdad que necesitas cuando venga la tentación.

Te mostraremos cuatro pasajes específicos que nos han sido de gran ayuda. Copia estos pasajes bíblicos. Pégalos en tu espejo. Medita en ellos a lo largo del día. Cuando llegue la tentación sexual, declara estos pasajes bíblicos en oración a Dios.

"CREA EN MÍ, OH DIOS, UN CORAZÓN LIMPIO, Y RENUEVA UN ESPÍRITU RECTO DENTRO DE MÍ" (SALMOS 51:10).

"POR LO DEMÁS, HERMANOS, TODO LO QUE ES VERDADERO, TODO LO HONESTO, TODO LO JUSTO, TODO LO PURO, TODO LO AMABLE, TODO LO QUE ES DE BUEN NOMBRE; SI HAY VIRTUD ALGUNA, SI ALGO DIGNO DE ALABANZA, EN ESTO PENSAD" (FILIPENSES 4:8).

"SINO VESTÍOS DEL SEÑOR JESUCRISTO, Y NO PROVEÁIS PARA LOS DESEOS DE LA CARNE" (ROMANOS 13:14).

"PUES LA VOLUNTAD DE DIOS ES VUESTRA SANTIFICACIÓN; QUE OS APARTÉIS DE FORNICACIÓN; QUE CADA UNO DE VOSOTROS

SEPA TENER SU PROPIA ESPOSA EN SANTIDAD Y HONOR; NO EN PASIÓN DE CONCUPISCENCIA, COMO LOS GENTILES QUE NO CONOCEN A DIOS" (1 TESALONICENSES 4:3-5).

Estos pasajes bíblicos son poderosos. Dios mismo los inspiró. Ambas hemos visto cómo la Palabra de Dios ha hecho proezas en nuestras vidas. Hemos visto que la verdad de Dios nos ayuda a conquistar la lujuria y a vencer el pecado. Y estamos seguras de que puede hacer lo mismo por ti. Estos pasajes bíblicos (y otros) deberían ser el himno de tu relación amorosa. Y, si estás en una relación con un hombre piadoso, este también será su himno.

Queremos retarte a que memorices uno de esos versículos esta semana. También tenemos una sorpresa para ti. Para hacer esto un poco más divertido, en la parte posterior de este libro encontrarás estos cuatro pasajes bíblicos en una hoja que puedes recortar. Así que toma una tijera, ve al final del libro y coloca estos pasajes bíblicos frente a ti.

ESTRATEGIA #2: FÍJATE LÍMITES.

Así como las vallas de seguridad evitan que un automóvil se salga de las líneas divisorias de una carretera, los límites en una relación amorosa ayudan a mantener la relación en el camino. Nadie *quiere* ir a parar al borde de una carretera, pero sin los límites adecuados puede ser mucho más fácil deslizarse. Los límites son esenciales. Nos ayudan a llegar a nuestro destino final de manera segura. Nos ayudan a mantenernos en el camino de la pureza.

Sin embargo, antes de entrar en detalles, primero debemos entender algo muy importante. Los límites *deben* estar motivados por nuestro amor por Cristo. Mantenerse física y mentalmente pura solo por la pureza en sí no es suficiente. Si ese es nuestro objetivo final, hemos errado el blanco. Las reglas solas no honran a Dios. Nuestro objetivo de ser puras y fijarnos límites debe nacer de un deseo sincero de glorificar a Dios. Glorificar y honrar a nuestro Rey es lo que buscamos con esto. Y, si los límites pueden ayudarnos a hacerlo mejor, entonces por supuesto que debemos aceptarlos.

Los límites son esenciales. Nos ayudan a llegar a nuestro destino final de manera segura.

Fijar límites morales en tu relación amorosa es algo que debes hacer desde el principio. Formúlate esta pregunta: "Cuando esté en el altar el día de mi boda, ¿de qué no quiero lamentarme?". Al pensar en todas las cosas de las que *no* te quisieras lamentar, tendrás una idea más clara de lo que te propones conseguir. Por ejemplo, no muchas mujeres cristianas se casan y piensan: *Ay, si hubiera besado a más hombres en mi pasado* o *qué lástima que no me acosté con más hombres* o *debería haber mirado más pornografía*. De ninguna manera. La mayoría de las mujeres cristianas con las que hemos interactuado no desean haber sido menos puras; desearían haber sido *más* puras. Fijar límites ahora te ayudará a evitar este tipo de remordimiento.

Cada pareja es diferente, pero el objetivo final es el mismo (glorificar a Dios en la relación). Zack y yo (Kristen) nos sentamos a escribir una lista de límites físicos específicos. Ambos deseábamos honrar a Dios y buscar la pureza. Al terminar nuestra lista, entregamos una copia a nuestros padres, a algunos hermanos y a un par de amigos cercanos, y les pedimos que nos hicieran rendir cuentas de ello.

Para darte una idea específica de cómo podría ser una lista de límites, aquí hay un vistazo a los límites que establecimos con Zack. Nuestra lista no se aplica de igual forma a cada pareja; es nada más un ejemplo de lo que nos resultó útil en nuestra búsqueda de la pureza.

Por el deseo de honrar a Dios y por nuestro bien, nosotros (Zack y Kristen) nos comprometemos a ser fieles, mediante la fortaleza de Dios, a los siguientes límites durante nuestra relación:

- *No tendremos sexo hasta después de casarnos.*
- *Para evitar la tentación y los deslices, nunca estaremos juntos completamente solos, en una casa o apartamento.*
- *Evitaremos quedarnos solos en el automóvil por la noche durante largos períodos de tiempo.*
- *Nos esforzaremos por mantener las demostraciones de afecto físico limitadas a caminar abrazados, tomarnos de la mano y pasar nuestros brazos por el cuello del otro.*
- *Para evitar los deslices sexuales, hemos optado por no besarnos hasta el día de nuestra boda.*
- *No hablaremos nada relacionado con el sexo y la intimidad hasta después de nuestro compromiso (y guiados por nuestro consejero prematrimonial).*
- *No veremos películas ni programas de televisión que fomenten la excitación sexual y la lujuria.*

Estos límites (y otros similares) fueron sumamente útiles para Zack y para mí durante nuestra relación.

Como mencioné antes, tus límites pueden no ser exactamente iguales a los nuestros, y eso está bien. Solo recuerda que el objetivo es honrar a Cristo en cada aspecto de tu relación. Mientras oras y estableces límites específicos, puede ser útil hacerte algunas preguntas sinceras, como por ejemplo: ¿Qué gestos físicos pueden ser una tentación para mí o para él? ¿Qué lugares y sitios específicos podrían alentarnos a cometer un desliz? ¿Hay ciertos tipos de medios de comunicación y entretenimiento que podrían tentarnos a la lujuria?

El objetivo es honrar a Cristo en cada aspecto de tu relación.

No descartes algo en tu lista solo porque es difícil. Recuerda que libras una batalla por la pureza contra tu carne y el enemigo (ver 1 Pedro 5:8). Como dice Elisabeth Elliot: "Si hay un enemigo de las almas (y no tengo la menor duda de que existe), una cosa que no puede soportar es el deseo de ser puros. De ahí que las pasiones de un hombre o una mujer sean su campo de batalla".[6]

La batalla por la pureza (tanto física como mental) es real. Nuestro enemigo es real. Proponte ser estricta ahora para no tener que lamentarte de nada en el futuro.

Ambas, Kristen y Bethany, te recomendamos que tomes una hoja de papel y comiences a delinear algunos límites hoy. Aunque seas soltera, tómate un tiempo para pensar qué tipo de límites te gustaría tener algún día. Los límites son una señal de sabiduría, no de debilidad.

ESTRATEGIA #3: RINDE CUENTAS.

Establecer límites estrictos es esencial, pero eso es solo la primera mitad. Cualquiera puede tener límites escritos, pero cumplirlos es la parte difícil. Y ahí es donde entra la rendición de cuentas. No es suficiente que tú y tu novio hagan una lista de límites. Tan rápido como escriben una lista de límites en mutuo acuerdo, podrán traspasarlos de mutuo acuerdo con la misma rapidez. Por eso la rendición de cuentas es vital.

6. Elisabeth Elliot, *Passion and Purity*, p. 28.

El consejero bíblico y autor Heath Lambert delinea tres elementos clave de la rendición de cuentas eficaz: "Primero, necesitas encontrar a alguien que entienda que el compromiso de la rendición de cuentas es más que el simple compromiso de reunirse con regularidad. Deben estar dispuestos a tomarse un tiempo durante la semana para orar por ti, llamarte, responder tus llamadas y supervisarte. La verdadera rendición de cuentas también requiere de alguien que posea el conocimiento bíblico y la sabiduría práctica para guiarte hacia la pureza. Finalmente, la verdadera rendición de cuentas requiere un esfuerzo de comprometerse a largo plazo".[7]

Con los elementos anteriores en mente, pide a algunas personas piadosas que te ayuden a rendirles cuentas. Por ejemplo: podrías pedir a tus padres, a tu pastor, a una pareja sabia y piadosa de tu iglesia o a una persona amiga mayor y piadosa. Tendrás que acercarte a ellos. Tendrás que tomar la iniciativa. Podría resultar un poco incómodo al principio, y está bien. No dejes que eso te detenga. Sé valiente.

Una vez que pienses en algunas personas clave, envíales un correo electrónico o mensaje de texto donde les expliques lo que estás haciendo. Pídeles que te pidan cuentas de los límites que te has propuesto. Sé específica sobre el plan. ¿Quieres que te llamen una vez a la semana? ¿Quieres reunirte en persona con ellos una vez por semana? ¿Qué tipo de preguntas quieres que te hagan? ¿Cuánto durará cada llamada telefónica o reunión? ¿Con qué frecuencia deberían contactarte durante la semana? ¿Estarán de acuerdo con que tú te comuniques con ellos cada vez que sea necesario durante la semana para orar y recibir consejos? Piensa en los detalles y luego toma medidas. A cada persona que acepte, envíale una copia de tus límites por correo electrónico junto con cinco a diez preguntas específicas que quieres que te hagan cada

7. Heath Lambert, *Finally Free: Fighting for Purity with the Power of Grace* (Grand Rapids: Zondervan, 2013), pp. 55-56.

vez que hablen. Esfuérzate por preparar tus reuniones con mucha oración.

Una vez que hayas elegido a las personas a quienes rendirás cuentas, anota tu primera reunión en el calendario. No tardes. Ponte en acción y que las cosas comiencen a marchar. A medida que pasan los meses, mantén tus reuniones con regularidad. Trata siempre de ser sincera con aquellos a quienes rindas cuentas. Si has tenido un desliz o has pecado en tu relación amorosa, confiesa ese pecado abiertamente y determinen si sería útil fijar límites adicionales.

Recuerda que en todo esto el objetivo final es glorificar a Dios. No pierdas de vista esa misión.

Mantén la cumbre a la vista

En todo esto, sé diligente en orar. Ora mucho y todos los días. Ora por tu relación. Ora por ti misma. Ora por tu novio. Ora por fortaleza, sabiduría y convicción. Servimos a un Dios real y vivo. Él es la fuente de nuestra fortaleza y nuestro poder. No podemos ser victoriosos sin Él. Mateo 26:41 dice: "Velad y orad, para que no entréis en tentación; el espíritu a la verdad está dispuesto, pero la carne es débil". Nuestra carne es débil, pero Dios es fuerte. La oración es el antídoto. Eleva en oración constante estas tres estrategias.

Servimos a un Dios real y vivo. Él es la fuente de nuestra fortaleza y nuestro poder.

Como señala Filipenses 1:9-11: "Y esto pido en oración, que vuestro amor abunde aun más y más en ciencia y en todo conocimiento, para que aprobéis lo mejor, a fin de que seáis sinceros e irreprensibles para el día de Cristo, llenos de frutos de justicia que son por medio de Jesucristo, para gloria y alabanza de Dios".

Seguir estas tres estrategias, junto con la oración diaria, te permitirá establecer una base sólida para tu futuro matrimonio. Recuerda que tu objetivo es glorificar a Dios durante todo el proceso de la relación mientras viajas hasta la cima de la montaña. La vista es mucho más gloriosa desde arriba. No te conformes con una aventura sexual barata y todoterreno que te impida lograr tu objetivo principal. Decide acatar las vallas de seguridad, los límites y las señales de precaución ahora. Mantén siempre la cumbre a la vista.

Al final, el viaje es mucho más agradable cuando acatamos el diseño de Dios en nuestras relaciones. Adorar a Cristo, buscar un corazón puro y luchar por la santidad son el mapa de ruta de Dios para construir una relación centrada en Cristo.

CAPÍTULO 14

GUÍA DE STUDIO

"Nuestras relaciones amorosas glorifican más a Dios cuando las construimos sobre la adoración, la pureza y la santidad".

1. Describe un momento de tu vida cuando los límites, las vallas de seguridad, las líneas divisorias y demás, fueron sumamente útiles para ti (no tiene que ser con respecto a una relación).

___

___

___

2. Añade una breve descripción para cada una de estas palabras:

   Adoración = ___

   Pureza = ___

   Santidad = ___

   ¿Por qué son esenciales para construir un matrimonio centrado en Cristo?

   ___

   ___

   ___

3. Completa los espacios en blanco:

   "Pues la voluntad de Dios es vuestra santificación; que os apartéis de ______________; que cada uno de vosotros sepa tener su propia esposa en __________ y ________; no en pasión de concupiscencia, como los gentiles que no conocen a Dios" (1 Tesalonicenses 4:3-5).

4. Enumera las tres estrategias para buscar la pureza:

   Estrategia #1: ______________________________

   Estrategia #2: ______________________________

   Estrategia #3: ______________________________

   ¿Cómo puede beneficiar tu vida actual el hecho de seguir las tres estrategias?

   ____

   ____

   ____

HAZLO *personal*

Dedica unos minutos a memorizar Salmos 51:10: "Crea en mí, oh Dios, un corazón limpio, y renueva un espíritu recto dentro de mí".

15. DIEZ SEÑALES DE ALERTA EN UNA RELACIÓN

Existían señales de alerta (es decir, asuntos preocupantes, problemas, pecados, graves defectos de carácter, etc.), pero yo (Bethany) las ignoré. No quería creer que todo el tiempo invertido podría llegar a su fin. En lugar de enfrentar los hechos y reconocer las señales de alerta en mi relación, las ignoré.

¿Por qué ignoré las señales de advertencia y los problemas en esa relación? Por temor. Estaba asustada. No quería enfrentar la verdad. No quería pensar en mi futuro sin ese hombre. No quería volver a estar soltera. No quería tener que empezar de nuevo. No quería lidiar con el dolor de un corazón roto.

Al mirar atrás, desearía haber reconocido las señales de alerta en el momento en que me percaté de ellas. Ignorarlas no evitó mi angustia; solo causó que la relación se prolongara innecesariamente. Más tiempo. Más angustia. Más dolor.

Al final enfrenté las señales de alerta (después de posponerlo a regañadientes durante varios meses). En lugar de seguir escondiéndolas debajo de la alfombra, decidí buscar sabiduría y expresé a mis padres mi preocupación. Aunque fue difícil para ellos decirme la dura verdad, fueron sinceros. Mis padres estaban preocupados por mi futuro con ese muchacho. Después de mucho diálogo y oración, me animaron a tomarme un tiempo para pensar, orar y buscar consejo adicional. Después de buscar más consejo y de orar fervientemente, supe lo que tenía que hacer. Debía cortar con la relación.

LAS DIEZ SEÑALES DE ALERTA EN TU RELACIÓN AMOROSA

Las mujeres modernas tenemos la tendencia a ignorar las señales de alerta en nuestras relaciones. Fingimos que no existen. No queremos abordar el posible conflicto, cambio o angustia emocional que pueda surgir como resultado de detectarlas. A menudo elegimos ignorar los problemas y seguir adelante en lugar de lidiar con la realidad de nuestra situación. A pesar de lo difícil que pueda ser enfrentar las señales de alerta, debemos recordar que tienen un propósito: nos advierten sobre el peligro potencial que se avecina.

Te recomendamos encarecidamente que seas sincera sobre la realidad de tu relación. No ignores los asuntos que te preocupan ni esperes que desaparezcan. Detecta las señales de alerta y no minimices los problemas. Recurre a la sabiduría y busca el consejo de otras personas cristianas más sabias y mayores que tú. Ellas podrán hablarte desde una perspectiva no emocional y decirte con sinceridad por qué tienes problemas para reconocer la realidad de la relación.

> Al mirar atrás, desearía haber reconocido las señales de alerta en el momento en que me percaté de ellas.

Aunque en cada relación será un poco diferente, hay algunas señales de alerta típicas a las que debes prestar atención. Lo que sigue es una lista de diez señales de alerta más comunes para detectar en tu relación amorosa. Al leer esta lista, ten en cuenta que las señales de alerta varían en gravedad. No todas son un factor decisivo automático. Cada señal debe considerarse de manera cuidadosa dentro del contexto de cada relación.

1. TIENE UNA RELACIÓN SUPERFICIAL CON DIOS.

El fundamento de la vida de tu novio debería ser su relación con Dios. No tiene que ser perfecto, pero debería estar creciendo en su vida espiritual. Si tu novio no pasa tiempo en la Palabra, no participa en la iglesia, ni es responsable ante otros, deberías examinar muy bien su fundamento. Como hemos mencionado en capítulos anteriores, eso debería ser un factor decisivo automático (ver 2 Corintios 6:14). Si tu novio tiene una relación débil y distante con Dios, preocúpate. Este debería ser el aspecto más importante en la vida de tu novio. Toma en serio esta señal de alerta. La señal de alerta fundamental, por supuesto, es si él no es cristiano.

2. TE HACE DECAER ESPIRITUALMENTE.

Un hombre que ama genuinamente al Señor sin duda te alentará en tu relación con Cristo. Si hace lo contrario y te hace decaer espiritualmente, eso es un problema. Si estar con este joven ha debilitado tu relación con Cristo, esa es una importante señal de alerta. Recuerda que los hombres están llamados a discipular a sus esposas en la Palabra (ver Efesios 5:25-27). Si en este momento tu novio no puede animarte en la Palabra, ¿qué te hace pensar que lo hará en el futuro? Tómate en serio tu relación con Dios. Es lo más importante en tu vida. No comprometas tu relación con Dios por una relación con un muchacho.

3. ESTÁ ATRAPADO EN UN PECADO RECURRENTE.

La pornografía, la lujuria, la ira, la adicción al alcohol y las drogas y la gula son solo algunos pecados recurrentes que puedes enfrentar en tu relación. Por favor, comprende que estos pecados recurrentes no desaparecerán de manera automática cuando te cases. El pecado recurrente del que no hay arrepentimiento es un asunto serio del corazón (ver Santiago 1:15). A menos que el corazón de una persona cambie, el pecado siempre reaparecerá. Si tu novio está atrapado en un pecado recurrente, debes detenerte a buscar consejo de otras personas. No sigas adelante esperando ingenuamente que desaparezca. No lo hará. Ambas hemos visto a muchas mujeres que insisten en una relación y esperan que el matrimonio cambie a su novio. El matrimonio puede ocultar el pecado por un tiempo, pero siempre volverá. No seas como las que piensan que pueden cambiar a un hombre.

4. TE PRESIONA A CEDER SEXUALMENTE.

Si un novio te presiona a ceder sexualmente, no te está mostrando el amor ágape cristiano. No te está alentando a la pureza y la santidad (ver 1 Tesalonicenses 4:7). No se está esforzando por honrar a Dios en esa área de la relación. Se está centrando en sus deseos, y lamentablemente te está utilizando para su propia satisfacción. Es egoísta y pone sus deseos por encima de todo lo demás (ver Filipenses 2:3-4). Aunque parezca halagador que él desee estar contigo, no lo es. Está decidiendo pecar y está dispuesto a arrastrarte con él.

5. APRESURA LA RELACIÓN.

Si tu novio está apresurando con impaciencia la relación, esto debería indicar una señal de alerta (ver 1 Corintios 13:4). Averigua por qué tiene tanta prisa. ¿Por qué quiere ir tan rápido? ¿Hay una buena razón para su prisa? ¿Está tratando de atraparte antes que quede en evidencia su verdadero carácter? El tiempo es tu mejor aliado en la relación. El hecho de que tenga mucha prisa no significa que tú también tengas que tener prisa.

6. LAS PERSONAS SABIAS QUE TE RODEAN NO APOYAN LA RELACIÓN.

Las personas sabias están en tu vida por una razón. Ya sean tus padres, tus hermanos, una mentora, tu pastor u otra persona, estas personas por lo general te conocen mejor que otros. A menudo conocen muy bien tus fortalezas y debilidades. Si las personas sabias que te rodean tienen grandes reservas sobre un muchacho, toma en serio su preocupación. No las ignores ni ignores lo que te dicen (ver Proverbios 3:13). Aunque no te guste lo que te digan, al menos escúchalas.

7. TIENE MUY POCAS CONVICCIONES ESPIRITUALES.

Si tu novio tiene muy pocas convicciones espirituales, debes averiguar por qué. Un hombre que busca al Señor, estudia la Biblia, participa en la iglesia y se esfuerza por honrar a Dios vivirá de acuerdo con las verdades bíblicas (ver Juan 14:15). Si tu novio carece de convicción personal en su vida (es decir, cae presa de la inmoralidad sexual, la embriaguez, la deshonestidad, etc.), es muy probable que se deba abordar un problema más profundo. En vez de tratar de inculcar a la fuerza tus convicciones personales a tu novio, comenta los detalles de la relación a una mujer piadosa y habla con sinceridad sobre la falta de convicción en la vida de tu novio.

8. NO CUMPLE SU PALABRA.

Cada mujer quiere casarse con un hombre en quien pueda confiar plenamente. Un hombre en el que pueda confiar. Un hombre que la haga sentir tan protegida y segura que le quiera entregar su vida entera. Cuando un hombre no cumple sus promesas (grandes o pequeñas), genera una grave falta de confianza en la relación.

Cuando tu novio dice que va a hacer algo (por ejemplo, pasar tiempo en la Palabra de Dios, asistir a la iglesia cada semana, abstenerse de beber demasiado, evitar endeudarse, etc.), pero más de una vez rompe su palabra, genera falta de confianza y demuestra que no es un hombre íntegro (ver Efesios 4:25). Debes poder confiar en que el hombre de tu vida hará lo que él dice. Si acostumbra romper sus promesas, esa es una señal de alerta que debes considerar.

9. QUIERE MANTENER LA RELACIÓN EN SECRETO.

Dice que te ama. Dice que se preocupa por ti. Dice que quiere que la gente se entere acerca de la relación más adelante. Sin embargo, por ahora te convence de mantener las cosas entre ustedes dos. Quiere mantener la relación en secreto. Con el auge de las citas y la comunicación en línea, tener una relación secreta es más fácil que nunca. Si tu novio quiere mantener la relación en secreto, esa es una seria señal de alerta. ¿Por qué quiere mantenerla en secreto? ¿Por qué tiene miedo de que la gente se entere? ¿Por qué quiere ocultarlo? Lo más sabio es sacar la relación a la luz. Recuerda que hay sabiduría en la multitud de consejeros (ver Proverbios 11:14).

10. ESTÁ OBSESIONADO CONSIGO MISMO.

Se irrita fácilmente. Es pronto para encontrar fallas en los demás. Está obsesionado con sus músculos y su apariencia externa. Por lo general, piensa en sus comodidades y necesidades antes que en las tuyas. Sus principales preocupaciones en la vida son sus propios deseos. Está demasiado preocupado por sí mismo. Si esto describe a tu novio de alguna manera, debería encenderse una señal de alerta en tu mente. Si tu novio no tiene a Cristo en el centro de su vida, estará obsesionado consigo mismo (ver

Filipenses 2:3-4). Sus prioridades estarán totalmente alteradas. Su obsesión consigo mismo no desaparecerá de manera mágica cuando se casen.

No ignores las señales de alerta

Mientras leías las diez señales de alerta, ¿detectaste alguna? Si fue así, estamos orgullosas de que hayas tenido el valor de reconocerlo. Eso significa que todavía estás viendo a tu novio con una clara perspectiva. El apasionamiento no te ha cegado por completo y todavía puedes evaluar sinceramente la relación. En este momento, lo más importante que puedes hacer es buscar el consejo de otras personas. Llama a tu mentora o a cualquier mujer piadosa que pueda darte buenos consejos. Coméntale la información que acabas de leer y pídele su opinión. Dar este paso te brindará la sabiduría que necesitas para seguir adelante o cortar con la relación.

No te arriesgues a avanzar en una relación con un muchacho que puede tener problemas de pecado sin resolver. No minimices las señales de alerta por temor o ansiedad. Solo tienes una vida. Piensa en tu futuro. Piensa en el tipo de hombre con el que esperas pasar el resto de tus días. Predisponte a reconocer la dura verdad y pide ayuda. Como mencionamos en el capítulo 11, mientras más sabiduría puedas recibir de personas sabias, mejor preparada estarás para tomar una sabia decisión con respecto a tu relación.

Piensa en el tipo de hombre con el que esperas pasar el resto de tus días.

Como dije al comienzo de este capítulo (habla Bethany), estoy muy agradecida de haber prestado atención a las señales de alerta en mi relación anterior. Esto me guardó de avanzar hacia un matrimonio potencialmente desastroso. No cometas el error de ignorar las señales de advertencia en tu relación. Si ahora las tomas en serio, no tendrás que lamentarte en el futuro.

CAPÍTULO 15

GUÍA DE ESTUDIO

"Sé sincera sobre la realidad de tu relación. No ignores los asuntos que te preocupan ni esperes que desaparezcan. Detecta las señales de alerta".

1. ¿Hubo algún momento de tu vida cuando ignoraste una evidente señal de alerta? ¿Qué pasó?

____

____

____

2. ¿Por qué crees que es más fácil detectar las señales de alerta en las relaciones de tus amigas que verlas en las tuyas?

____

____

____

3. Pon una X al lado de las señales de alerta que has detectado en el pasado o actualmente:

__ Tiene una relación superficial con Dios.
__ Te hace decaer espiritualmente.
__ Está atrapado en un pecado recurrente.
__ Te presiona a ceder sexualmente.
__ Apresura la relación.

__ Las personas sabias que te rodean no apoyan la relación.
__ Tiene muy pocas convicciones espirituales.
__ No cumple su palabra.
__ Quiere mantener la relación en secreto.
__ Está obsesionado consigo mismo.

4. ¿Por qué es peligroso minimizar las señales de alerta en una relación?

____

____

____

HAZLO *personal*

Si estás en una relación: ¿Hay alguna señal de alerta que debas reconocer y sobre la cual necesites pedir consejo? Si es así, comenta lo que te preocupa a una persona que pueda darte sabios consejos. Si no estás en una relación: tómate un tiempo para releer cada señal de alerta a fin de estar mejor preparada para detectarlas en futuras relaciones.

16. ¿CÓMO SÉ SI ÉL ES "EL HOMBRE INDICADO"?

Yo (Kristen) todavía recuerdo ese momento que cambió mi vida. El momento en que supe, en el fondo de mi corazón, que estaba lista para pasar el resto de mi vida con Zack. Aún no estábamos comprometidos, pero habíamos estado saliendo durante más de ocho meses. A esas alturas de nuestra relación, nos habíamos hecho todas las preguntas difíciles. Habíamos buscado infinidad de consejos y aportes de otras personas. Habíamos eliminado todas las señales de alerta. Nuestras visiones y pasiones estaban en completa armonía. Nuestras dos familias apoyaban la relación con entusiasmo.

Zack y yo estábamos disfrutando una cena encantadora en el patio de un restaurante local para celebrar su vigésimo segundo cumpleaños. Era una cálida noche de mayo. Mientras charlábamos frente a frente, los recuerdos y las conversaciones de los últimos ocho meses inundaron mi mente. Nuestro caminar juntos había sido un tiempo increíble para crecer y conocernos. Sentí que una profunda sensación de amor fluía en mi corazón por este guapo joven. La visión, la pasión y el propósito de Zack en la vida eran algo que yo valoraba y admiraba. Había demostrado ser un hombre de fidelidad, integridad y humildad. Yo había llegado a respetarlo mucho en todos los sentidos. Sin decir una palabra, mi corazón hizo una confirmación silenciosa. *Lo amo. Lo amo inmensamente. Es el hombre con el que quiero pasar el resto de mi vida.*

¿Es él "el hombre indicado"?

"¿Cómo sabías que Zack era 'el hombre indicado'?", me preguntó hace poco una de mis amigas.

Esta es la pregunta más común que me han hecho desde que me casé con Zack. Cuando era soltera, recuerdo que me hacía exactamente la misma pregunta: "¿Cómo sé si él es el hombre indicado? ¿Cuándo lo sabré? ¿Será obvio?". Si en este momento eres soltera, tal vez te hayas hecho la misma pregunta.

Seré la primera en admitir que al principio de mi relación con Zack deseaba con frecuencia recibir una señal "mágica". Las cosas habrían sido mucho más fáciles si hubiera caído del cielo una pancarta con el mensaje: "¡Zack será tu futuro esposo!". Sin embargo, por desgracia, no fue así, sino que tuve que poner mi fe y mi confianza en Dios.

Aunque esta pregunta popular parece misteriosa y compleja, en realidad no lo es. Es mucho más simple de lo que parece. "¿Cómo sé si él es el hombre indicado?". Es una excelente pregunta. Sin embargo, debemos tener cuidado de abordarla de la manera correcta, ya que en realidad puede generar más confusión que claridad cuando se plantea con la motivación equivocada. Analicemos rápidamente dos perspectivas erróneas comunes cuando se trata de esta pregunta. Luego describiremos la perspectiva correcta.

PERSPECTIVA INCORRECTA #1: ¿CÓMO SÉ SI ÉL ES EL HOMBRE INDICADO… PARA MÍ?

A primera vista parece inofensivo hacerse la pregunta: "¿Cómo sé si él es el hombre indicado… para *mí*?". Sinceramente, ambas nos hicimos esta pregunta varias veces cuando estábamos con Ryan y Justin. Hasta que nuestra relación con cada uno terminó y al fin nos dimos cuenta de las principales fallas de esa pregunta. Déjame decirte a qué nos referimos.

Al formular la pregunta en estos términos, como mujeres cristianas centramos de inmediato la relación en nosotras mismas. Empezamos a ver a nuestro novio a través de la lente de nuestra realización personal. "¿*Me* hará feliz?", "¿*Me* siento satisfecha cuando estoy con él?", "¿*Me* complementa perfectamente?", "¿Satisface todas *mis* necesidades?", "¿Entiende todos *mis* deseos?", "¿*Me* hará sentir completa?".

Si siempre estás evaluando al muchacho que te interesa para saber si es "el hombre perfecto para *ti*", considerarás todas sus cualidades bajo una óptica egoísta. Su valía dependerá por completo del hecho de que *te* sirva a ti. De cómo suple *tus* necesidades. De cómo *te* hace sentir. De lo que tiene para ofrecer*te*. Te colocarás en el centro de la relación. Estarás en la búsqueda constante del candidato ideal que cumpla todas tus expectativas. Y si encuentras un hombre que parece satisfacer todas tus necesidades, solo será cuestión de tiempo antes que te decepcione por completo. Y si te casas con un hombre según esta motivación, lo más probable es que tengas dificultades y dudas en el futuro cada vez que él no cumpla tus expectativas.

PERSPECTIVA INCORRECTA #2: ¿CÓMO SÉ SI ÉL ES… MI ALMA GEMELA?

Si la pregunta anterior era muy común, esta lo es más. "¿Cómo sé si él es… mi alma gemela?" es la pregunta número uno que se plantean las mujeres solteras. "Un estudio de la Universidad de Rutgers encontró que el 94% de las mujeres solteras de veintitantos dice que el primer requisito para un esposo es que sea su alma gemela, alguien con quien sienta una unión casi de otro mundo".[1] Aunque esta pregunta pueda parecer conmovedora, tiene su error.

"Nuestra cultura ha aceptado ampliamente la noción de que solo existe una persona que puede hacerte... 'sentir completa'. Es peligroso abordar una decisión matrimonial para toda la vida con esta mentalidad, aunque sea la opinión de la mayoría".[2]

En primer lugar, la Biblia no deja claro si Dios ha ordenado un alma gemela específica para cada una de nosotras. Sí, Dios es totalmente soberano, pero la forma en que Él une a las parejas es un misterio. No podemos entender perfectamente cómo interactúan en esto la soberanía de Dios y la responsabilidad del hombre (ver Deuteronomio 29:29). En lugar de tratar de *encontrar* a nuestra alma gemela perfecta, en nuestras relaciones debemos tomar sabias decisiones guiadas por los principios de la Palabra de Dios.

En segundo lugar, si ves tu vida amorosa bajo la perspectiva del alma gemela, formarás en tu mente la imagen del hombre de tus sueños perfecto y pasarás la vida buscándolo. Por ejemplo, entras en tu clase de estudio bíblico y hay un nuevo joven de visita. *¡Podría ser mi alma gemela!,* piensas. O tal vez vas a un nuevo restaurante y descubres que el camarero guapo que te atiende es cristiano. *Hmmmm... ¡Podría ser mi alma gemela!* Esta perspectiva te coloca de por vida en la búsqueda constante de tu pareja perfecta. Te dejarás llevar por tus emociones y flechazos. Tendrás la tentación de evaluar a cada hombre según "sientas" que es tu alma gemela, en lugar de detenerte a conocer con paciencia su carácter y su corazón.

Esta perspectiva suele ser miope, egocéntrica y basada en los sentimientos. Casarse se convierte en una búsqueda desesperada

1. Thomas, *Sacred Search*, p. 56.
2. Ibíd., p. 55.

por encontrar a tu única aguja en un pajar de siete mil millones de personas.

> En lugar de tratar de encontrar a nuestra alma gemela perfecta, en nuestras relaciones debemos tomar sabias decisiones guiadas por los principios de la Palabra de Dios.

Por desgracia, las mujeres que se han casado con hombres basadas en la perspectiva de las almas gemelas han confesado que más adelante luchan con dudas en el matrimonio. Si sus esposos actúan de manera diferente y no satisfacen sus necesidades como solían hacerlo, esas mujeres se preguntan si realmente se casaron con su *verdadera* alma gemela. *Tal vez él no sea mi alma gemela después de todo*, temen. Esto siempre sucede en las películas románticas modernas. Esposas dispuestas a abandonar su matrimonio de pacto para perseguir a su "verdadera" alma gemela.

PERSPECTIVA CORRECTA: ¿CÓMO SÉ SI ÉL ES EL HOMBRE... CON EL QUE QUIERO COMPROMETERME PARA TODA LA VIDA?

Ahora que hemos descrito las dos perspectivas erróneas más comunes para encontrar al candidato ideal, describamos la perspectiva correcta. El proceso para descubrir si un hombre es el indicado es precisamente eso, un proceso. No lo sabrás de inmediato. De hecho, no lo sabrás hasta que hayas pasado una buena cantidad de tiempo conociéndolo. En lugar de buscar de manera egoísta a alguien que satisfaga todas tus necesidades y con quien puedas cumplir tu destino, esta es la pregunta correcta: "¿Cómo sé si él es el hombre... con quien quiero comprometerme para toda la vida?".

En el capítulo 5 explicamos que el matrimonio y el amor no deberían basarse en sentimientos y emociones (solamente). El verdadero amor ágape se basa en el sacrificio personal. Los matrimonios definidos por Dios se basan en un compromiso para toda la vida. Al tratar de discernir si un hombre es el indicado, debes preguntarte si estás dispuesta a amar y comprometerte con ese hombre por el resto de tu vida. Dado que ambos son pecadores imperfectos, debes estar dispuesta a comprometerte (para bien o para mal) a amar abnegadamente a ese pecador en particular hasta la muerte.

Al abordar una relación bajo la perspectiva del compromiso, tendrás mucho más cuidado de hacer el trabajo preliminar e indispensable antes de dar el "Sí". Saber si un hombre es aquel con quien te quieres comprometer para toda la vida solo quedará claro después de pasar tiempo de calidad juntos. Tendrán que plantearse todas las preguntas difíciles. Deberán mostrarse cómo son realmente. Tendrán que resolver los desacuerdos. Eliminar las señales de alerta. Buscar el consejo de otras personas. Orar mucho por separado y juntos. Y deberán compartir la misma visión, pasión y propósito. Solo entonces podrás saber si realmente quieres comprometerte con ese hombre para toda la vida. Y si estás dispuesta a comprometerte con él... ¿adivina qué? Es probable que hayas encontrado al hombre indicado.

Encontrar al hombre indicado no es una búsqueda misteriosa; es una aventura práctica y emocionante basada en la sabiduría, la oración, el consejo, el compromiso y el amor sacrificial.

Para bien o para mal

Cuando me senté en esa mesa frente a Zack, supe en mi corazón que él era el hombre con el que me quería comprometer para toda la vida. Lo sabía porque ambos habíamos invertido tiempo y esfuerzo en conocernos. Conocía el corazón de este hombre. Conocía sus pasiones. Vi su amor por Dios. Confiaba en él. Lo respetaba. Y, a la luz de todas estas cosas y más, sabía que él era el hombre indicado.

Zack era el hombre con el que quería servir al Señor. Era el hombre con el que quería envejecer. Era el hombre con el que quería reflejar el evangelio. Era el hombre con el que quería comprometerme. Y, pocos meses después de aquella cena, Zack se arrodilló y me pidió que fuera la mujer indicada para él.

Llegó el día de nuestra boda.

Cuando Zack y yo estábamos el uno frente al otro en el altar e intercambiamos nuestros votos matrimoniales, nos comprometimos (ante Dios) a ser cada uno el indicado para el otro de ahí en adelante. Cuando ambos dijimos "Sí", celebramos un pacto de por vida delante de nuestras familias, amigos y, lo más importante, de Dios. Nunca más tendríamos que preguntarnos quién era la persona indicada. Ya lo sabíamos. Era oficial. Para bien o para mal. Y ahora era nuestra misión ser fieles al pacto. "Por tanto, lo que Dios juntó, no lo separe el hombre" (Marcos 10:9).

> El matrimonio no tiene nada que ver con fuegos artificiales y parejas perfectas, sino con un compromiso duradero y sacrificial.

Contrariamente a los mensajes superficiales de Hollywood sobre el amor verdadero, el matrimonio no tiene que nada que ver con fuegos artificiales y parejas perfectas, sino con un compromiso duradero y sacrificial. Se trata de un compromiso abnegado de amar a otra persona hasta la muerte. Se trata de unir dos vidas como un equipo para servir y glorificar juntos a Dios.

Una vez que estás en el altar frente al hombre de tu vida y le dices: "Sí quiero", has encontrado a tu esposo para siempre. A partir de ese momento, pase lo que pase, ese hombre siempre será el indicado para ti. Es el hombre con el que has hecho un pacto. Es con el que te has comprometido para toda la vida. Es con el que debes permanecer fiel hasta la muerte.

En nuestros tiempos modernos, palabras como *fidelidad*, *compromiso de por vida* y *pacto* no son muy populares. En cambio, preferimos palabras como *alma gemela*, *amor verdadero* y *felicidad*. Sin embargo, la verdad es que estas palabras basadas en sentimientos no producen el tipo de matrimonio duradero que anhelamos. Si quieres casarte con un hombre "hasta que la muerte los separe", debes hacerlo con alguien que esté comprometido con la versión de Dios del amor que guarda el pacto. Este tipo de amor se mantiene fiel sin importar lo que pase. Este tipo de amor da sin recibir nada a cambio. Este tipo de amor pelea cuando el otro se da por vencido. Así como Cristo ama a su esposa (la Iglesia) de manera incondicional, debemos casarnos con el objetivo de ese mismo amor que guarda el pacto. Como explica muy bien John Piper: "El matrimonio está diseñado para ser una muestra única de la gracia del pacto de Dios porque, a diferencia de todas las demás relaciones humanas, el esposo y la esposa están unidos por el pacto en la relación más íntima que existe, para toda la vida".[3]

Dios te dará la sabiduría que necesitas para manejar este emocionante proceso.

Si en este momento estás pensando, *¡vaya!, un compromiso de por vida es algo serio y extremo*, estás en el camino correcto. El matrimonio es serio. El compromiso es extremo. El pacto es para siempre. Elegir a un compañero es una decisión importante. No debería tomarse a la ligera ni con desinterés.

Sin embargo, el casamiento no debe asustarte. (Respira hondo). Si rodeas tu relación con sabios consejos, oración, asesoramiento y preguntas pertinentes, no debes temer. Dios te dará la sabiduría que necesitas para manejar este emocionante proceso.

Hazte preguntas pertinentes

Si en este momento estás de novia con un joven y te preguntas si él es el hombre indicado, lo mejor que puedes hacer es responder algunas preguntas profundas (bajo la suposición de que ya

3. John Piper, *This Momentary Marriage* (Wheaton, IL: Crossway, 2009), p. 44. Publicado en español con el título *Pacto matrimonial: Perspectiva temporal y eterna* por Desiring God Foundation, 2009.

has buscado consejos, has eliminado las señales de alerta, etc.). Tómate un momento para analizar detenidamente cada una de las siguientes preguntas:

- ¿HE ORADO CON DILIGENCIA PARA SABER SI DEBO CASARME CON ESTE JOVEN?
- ¿HE PERMANECIDO EN LA PALABRA PARA BUSCAR LA VERDAD DE DIOS?
- ¿QUIERO PASAR EL RESTO DE MI VIDA CON ESTE HOMBRE?
- ¿PUEDO VERME ENVEJECER JUNTO A ÉL?
- ¿ESTOY ENTUSIASMADA CON LA IDEA DE QUE ÉL SEA EL PADRE DE MIS HIJOS?
- ¿TENGO ALGUNA OTRA PREOCUPACIÓN ANTES DE SEGUIR ADELANTE?
- ¿HE BUSCADO Y ESCUCHADO SABIOS CONSEJOS?
- ¿TENGO ALEGRÍA Y ENTUSIASMO GENUINOS POR SEGUIR ADELANTE?
- ¿ABRIGO RESERVAS ANTE LA IDEA DE CASARME CON ESTE HOMBRE?
- ¿QUIERO AMAR Y SERVIR A ESTE HOMBRE POR EL RESTO DE MI VIDA?
- ¿ESTÁ ÉL DISPUESTO A AMARME Y SERVIRME POR EL RESTO DE SU VIDA?
- ¿ESTOY ESPIRITUALMENTE MADURA Y PREPARADA PARA ASUMIR UN COMPROMISO DE POR VIDA?
- ¿RECIBIRÍA DIOS LA HONRA CON ESTE MATRIMONIO?

Para saber si estás preparada para comprometerte con un hombre de por vida, a veces solo necesitas hacerte preguntas pertinentes.

Yo (Bethany) me hice exactamente estas preguntas hace mucho tiempo. Estaba de novia con un joven realmente piadoso. Pero cuanto más lo conocía, menos podía verme pasar el resto de mi vida con él. Sinceramente, no me entusiasmaba la idea de envejecer junto a él. No sentía una alegría genuina de seguir adelante. No hubo grandes señales de alerta ni problemas. Solo que no podía verme casada con él.

Esas preguntas útiles me revelaron que ese hombre no era con quien yo quería comprometerme de por vida. Y así, con gracia y amor cristiano, corté con la relación.

A medida que llegues a una etapa más seria en una relación, sé diligente en hacerte estas mismas preguntas valiosas. Te ayudarán a determinar si estás dispuesta y preparada para comprometerte con ese hombre para toda la vida.

Más allá del día de la boda

Recordar el día de mi boda (Kristen) me hace sonreír por lo hermoso y memorable que fue. Sin embargo, por maravilloso que fuera aquel día, el matrimonio real ha sido mucho más increíble. Me levanto todas las mañanas junto a un hombre que realmente ama a Dios con todo su corazón. Se sacrifica por mí todos los días. Trabaja duro y ama a los demás. Sirve con alegría en nuestra iglesia local. Ora conmigo cada mañana y cada noche.

Casarme con un hombre de carácter piadoso ha sido, por mucho, una de las mayores bendiciones de toda mi vida. Nuestro matrimonio no ha estado exento de desafíos y pruebas difíciles (varios abortos involuntarios, infertilidad sin explicación, nuestras luchas personales contra el pecado y más), pero esos desafíos solo nos han acercado a Cristo, y el uno al otro. Nuestro enamoramiento se ha convertido en un tipo de amor profundamente arraigado, duradero y sincero. Zack y yo estamos tan comprometidos el uno con el otro ahora como el día que nos casamos.

> *Cuanto más nos centramos en Cristo, más prospera nuestro matrimonio.*

Aunque nuestro matrimonio ha sido maravilloso (y santificador), en realidad no es lo más importante para Zack o para mí. Sí, *amamos* estar casados, pero amamos más a Alguien más. Amamos al Creador del matrimonio. Dios es lo más importante en este mundo para nosotros. El matrimonio nunca nos ha colmado de satisfacción como nuestra relación con Dios. Nada es más precioso que nuestro Salvador. Sin embargo, lo hermoso es que cuanto más amamos a Jesús, más nos valoramos y amamos el uno al otro. Cuanto más nos centramos en Cristo, más prospera nuestro matrimonio. Cuando te hagas la pregunta: "¿Cómo sé si él es el hombre con el que quiero comprometerme para toda la vida?", mantén a Cristo en el centro de tu corazón y de tu mente. Busca a Dios primero (ver Mateo 6:33). Pon siempre tu esperanza en Dios por encima de cualquier cosa. Encuentra tu plena satisfacción solo en Cristo. Antes de comprometer tu corazón con un hombre, asegúrate de que tu corazón esté totalmente dedicado al Hombre. Al mantener a Cristo en el centro de tu corazón y casarte sabiamente con un hombre de carácter piadoso, sentarás una base sólida para glorificar a Dios en tu matrimonio.

CAPÍTULO 16

GUÍA DE ESTUDIO

"Encontrar al hombre indicado no es una búsqueda misteriosa; es una aventura práctica y emocionante basada en la sabiduría, la oración, el consejo, el compromiso y el amor sacrificial".

1. Comenta de qué forma te ayudó la historia de Zack y Kristen a aclarar la pregunta: "¿Cómo sé si él es el hombre indicado?".

____

____

____

2. En la perspectiva equivocada #2, hicimos la pregunta: "¿Cómo sé si él… es mi alma gemela?". Aunque esta es una pregunta común, ¿por qué crees que no es la perspectiva más útil?

____

____

____

3. Comenta en qué difiere de las otras perspectivas la que pregunta: "¿Cómo sé si él es el hombre… con el que quiero comprometerme para toda la vida?".

____

____

____

4. "Por tanto, lo que Dios juntó, no lo separe el hombre" (Marcos 10:9). ¿Cómo debería cambiar este versículo tu visión del matrimonio y el compromiso?

____

____

____

5. Por maravilloso que sea el matrimonio, ¿por qué *no* es lo más importante?

____

____

____

HAZLO *personal*

Si fueras totalmente sincera, ¿qué es lo más importante en tu vida, casarte o tu relación con Cristo? ¿Cómo puedes esforzarte por desarrollar una relación más cercana con Cristo a partir de hoy?

PARTE 5

Una buena vida de este lado del altar

17. LO QUE LAS MUJERES CASADAS QUIEREN QUE SEPAS

Nosotras, Kristen y Bethany, habíamos ido a un campamento de fin de semana con algunos familiares y amigos, cuando tomamos una tonta decisión. Todo comenzó cuando una de nuestras amigas se acercó y preguntó: "Oigan, ¿están listas para una aventura?". Sin dudarlo, nuestro yo adolescente respondió sí rápidamente.

Sin avisar a nuestros padres, las dos, junto con dos de nuestras amigas, nos escapamos rumbo a una aventura.

—Pues bien —dijo una de nuestras amigas con picardía mientras acelerábamos por un camino rural—, ¿alguna vez han asustado a las vacas? Nuestros ojos se abrieron con entusiasta curiosidad.

—Nooo —dijo Bethany con las cejas arqueadas—, pero siempre hemos querido hacerlo. ¡Vayamos!

A los pocos minutos encontramos inmensos campos llenos de vacas. Nuestra amiga redujo la velocidad de la camioneta y apagó las luces. No queríamos despertar a ninguna bestia dormida.

Mucho menos con el rugido del motor. Nos paramos junto al camino de tierra. Una rápida exploración confirmó que nadie más estaba allí. Salimos en silencio de la camioneta y caminamos de puntillas por la hierba crecida hacia la cerca de alambre de púas. ¿Mencionamos que estábamos en Texas donde todos poseen armas? ¡Ah! ¿Y mencionamos que estábamos a punto de invadir la propiedad privada de alguien? Sí. Decisión tonta número uno.

Cuando atravesamos la cerca de alambre de púas, las cuatro decidimos apagar nuestros teléfonos celulares. No queríamos despertar por accidente a las vacas. ¡Ah! Tampoco queríamos que nuestros padres pudieran comunicarse con nosotras. No nos interesaba informarles de lo que estábamos haciendo. Decisión tonta número dos.

Con la luna llena sobre nosotras, caminamos con cautela a través de un mar de cactus y malezas. Apenas estuvimos a menos de seis metros de la manada, una de nuestras amigas convocó una reunión para formular un plan de juego. Acordamos trabajar en equipo para asustar a una vaca. Nuestra estrategia fue simple. Acercarse sigilosamente a la vaca dormida y empujarla a la cuenta de tres. ¿Mencionamos que además todas vestíamos camisas blancas brillantes? Sí. Y no ayudó que la luna llena iluminara cada uno de nuestros movimientos. Decisión tonta número tres.

Las vacas son mucho más grandes de cerca de lo que parecen desde la carretera.

Nuestras amigas nos guiaban, y nosotras las seguíamos de cerca. Una vez que estuvimos a menos de seis pies de una vaca, nos quedamos inmovilizadas. Las vacas son *mucho más* grandes de cerca de lo que parecen desde la carretera. Son animales enormes capaces de causar daños graves si van a la carga. De repente, de la nada, un toro enorme salió de la oscuridad. Era el patriarca. Y no estaba contento de que estuviéramos jugando con sus hembras.

"¡Corran!", gritó de repente una de nuestras amigas. Sin dudarlo, las cuatro corrimos hacia la cerca. Con los corazones latiendo con fuerza y sudor goteando por nuestra cara, con rapidez y cautela volvimos a atravesar la cerca de alambre de púas. Cuando volvimos al interior de la camioneta, todas estallamos en risas nerviosas. De regreso al campamento, sabíamos lo que nos esperaba.

Digamos que ese no fue uno de nuestros momentos más sabios. En el momento en que nuestros padres nos vieron entrar al campamento, comenzaron las preguntas. Al final, confesamos toda la historia. Estaban totalmente decepcionados con nuestra falta de juicio, por decir lo menos. Sin mencionar nuestro acto deliberado de desactivar todas las formas de comunicación. Sí. Definitivamente nos metimos en problemas. Además, un granjero podría habernos disparado por traspasar los límites de su propiedad. O un toro podría haber arremetido contra nosotras. O la policía podría habernos atrapado por violar la ley. Nada inteligente.

Cuando recordamos aquel momento, ambas nos reímos de esa historia y nos preguntamos qué rayos estábamos pensando. ¡Si tan solo pudiéramos retroceder en el tiempo y dar un sabio consejo a nuestro corazón adolescente! Desgraciadamente tuvimos que aprender algunas cosas de la manera más difícil.

Ya he pasado por eso

La mayoría de nosotras hemos tomado decisiones tontas en nuestro pasado. Todas hemos hecho cosas que desearíamos poder hacer de otra manera, ¿verdad? Ahora que somos mayores, vemos las cosas con más claridad. Tenemos más sabiduría. Más discreción. Más experiencia. Hay algo de cierto en que se envejece y se aprende de los muchos errores del pasado. Hay sabiduría en la edad.

Dado que nadie puede retroceder en el tiempo, debemos aprovechar la siguiente mejor opción: aprender de quienes nos han precedido. Necesitamos aprovechar la sabiduría de las mujeres mayores. Aquellas que son mucho más experimentadas que nosotras. Las mujeres mayores no pueden retroceder en el tiempo, pero nos pueden enseñar lo que desearían haber hecho de otra manera. Pueden ayudarnos a evitar algunos de los errores que han cometido. De esto se trata la consejería y el discipulado.

De hecho, Dios mismo admira tanto a las mujeres mayores que enseñan a las más jóvenes, que da esa instrucción en Tito 2:3-4: "Las ancianas asimismo sean reverentes en su porte; no calumniadoras, no esclavas del vino, maestras del bien; que enseñen a las mujeres jóvenes a amar a sus maridos y a sus hijos". El hecho de que estés leyendo este libro significa que tal vez deseas tener un matrimonio piadoso y un hogar algún día. Si ese es el caso, debes proponerte aprender de las mujeres cristianas mayores que pueden enseñarte cómo hacer las cosas.

Necesitamos aprovechar la sabiduría de las mujeres mayores.

En nuestra vida han influido mujeres mayores que han invertido su vida en nosotras. Queremos que experimentes la misma bendición. Dicho esto, tenemos algo especial para ti. En este capítulo, te traemos, directamente para *ti*, cuatro mujeres piadosas mayores. Estas cuatro mujeres han estado casadas durante treinta, cuarenta y más de cincuenta años, y aman profundamente al Señor. Saben lo que se necesita para construir un matrimonio y una familia fuertes. Y quieren ayudarte a comenzar bien. Estas mujeres quieren enseñarte a prepararte para el matrimonio desde ahora. Quieren enseñarte lo que desearían haber sabido hace años. Quieren ayudarte a construir una base sólida que bendiga a tu futuro esposo y a tu futura familia.

Hemos hecho preguntas diferentes a cada una. Su consejo sincero es de gran valor. Así que siéntate, relájate, tómate una deliciosa taza de café, y disfruta de las revelaciones increíbles (y a veces divertidas) que estás a punto de leer.

YVONNE WELCH (CASADA DESDE 1966)

¿Cómo puedo prepararme mejor para ayudar a mi futuro esposo ahora que soy soltera?

Muchas veces una novia joven buscará que su flamante esposo satisfaga todos los deseos más profundos de su corazón. Esperará que él haga lo que solo Dios puede hacer: darle total alegría y satisfacción. En su libro, *Loneliness* [Soledad], Elisabeth Elliot dice: "Una de las sorpresas que espera a la mayoría de las novias y los novios es que seguirán solos. Una expectativa común pero irrazonable sobre el matrimonio, y hay muchas irrazonables, es que la pareja ocupará ahora el lugar de todos aquellos de quienes antes dependían: padre, madre, hermanos, hermanas y amigos. Debido a que enamorarse es un fenómeno exclusivo que acapara toda la atención y el interés, puede ser muy difícil para otras relaciones que ya no parecen necesarias. Sin embargo, el matrimonio nos enseña que incluso la compañía humana más íntima no puede llenar los rincones más profundos del corazón. Nuestros corazones estarán solos hasta que descansen en Aquel que nos hizo para Él. Después de estar casada con tres hombres muy distintos [separados por la muerte], todos ellos buenos esposos cristianos, descubrí que ninguno de ellos, ni siquiera los tres juntos si hubiera sido poliandria, podía satisfacer todas mis necesidades. La Biblia promete que mi Dios, no mi esposo, suplirá todas mis necesidades".[1]

Si una esposa continúa dependiendo de su esposo en lugar de Jesucristo, puede convertirse fácilmente en la mujer contenciosa de Proverbios 27:15. Cuando tú, como mujer soltera, aprendas a llevar a diario todas tus preocupaciones, temores y ansiedades al Señor Jesucristo, tu corazón se fortalecerá. Te estarás preparando para ser una ayuda piadosa para tu futuro esposo.

---

1. Elisabeth Elliot, *Loneliness: It Can Be a Wilderness. It Can Be a Pathway to God* (Nashville: Thomas Nelson, 1988), p. 73.

Personalmente, me encanta pasar tiempo con el Señor temprano en la mañana para recibir fuerzas para enfrentar las dificultades del día. Dios usa esto para alentar mi corazón y consolarme. Este hábito ha sido el medio que Dios ha usado en mi vida como un canal de su gracia para fortalecerme y hacer frente a las adversidades. Creo que esta podría ser la mejor preparación como mujer soltera, con miras a alentar y ayudar a tu futuro esposo.

Cuando tú, como mujer soltera, aprendas a llevar a diario todas tus preocupaciones, temores y ansiedades al Señor Jesucristo, tu corazón se fortalecerá.

¿Qué te sorprendió en tu primer año de matrimonio?

La primera sorpresa, o más bien shock, llegó cuando solo llevábamos unos días de casados. Acabábamos de regresar de nuestra luna de miel y había llevado toda nuestra ropa a la lavandería. Dejé la ropa en la lavadora y fui de compras. Cuando volví a buscar nuestra ropa, ¡alguien se la había robado! Regresé a nuestro apartamento y exclamé exaltada: "¡Bob, adivina qué! ¡Alguien se robó toda nuestra ropa! Pero, no te preocupes, podemos salir a comprarnos ropa nueva y pagar con tarjeta.

Inmediatamente dijo: "No estoy de acuerdo con las compras con tarjeta".

Me quedé pasmada. ¿Cómo se puede vivir sin una tarjeta de crédito?

Luego dijo: "Creo que deberíamos orar por algo de ropa nueva o alguna ganga increíble que se ajuste a nuestro presupuesto".

Había orado por un hombre piadoso, pero supuse que iba a coincidir un poco más con mi política financiera. El Señor tuvo que ayudarme a superar esa sorpresa, y comencé a buscar algunas gangas increíbles.

KIMBERLY WAGNER (CASADA DESDE 1981)

¿Qué cualidad de carácter me animarías a cultivar ahora que estoy soltera en preparación para mi futuro matrimonio?

No fue hasta que llegamos a un estado crítico en nuestro matrimonio que me di cuenta del poder de algo tan simple como el aprecio. El aprecio es una acción, no solo una cualidad de carácter, tenemos que cultivarlo. Es todo un arte demostrarlo. El aprecio va más allá de la gratitud; comunica valoración, no solo gratitud por lo que alguien puede hacer por ti, sino agradecimiento por quién es la otra persona y por el potencial de lo que puede llegar a ser.

Demostrar el debido aprecio a los hombres de tu vida ahora que eres soltera, desarrollará un corazón útil que ayude a otros a ser todo lo que Dios destinó que sean. Estamos diseñadas para ser una contraparte esencial que fortalezca al otro (ver Génesis 2:18). Ya sea que estés soltera o casada, estás diseñada para unirte a otras personas y fortalecerlas con tu naturaleza "dadora de vida". De eso se trata el aprecio; da vida a quienes servimos. Incluso un pequeño agradecimiento por algo tan simple como sacar la basura alienta a un hombre. La gratitud, expresada de manera creativa y reflexiva, comunica aprecio y, a la mayoría de los maridos, los motiva a seguir adelante.

El aprecio de una esposa es eficaz para inspirar a su esposo a convertirse en el líder que Dios ha destinado que sea. Los hombres están diseñados para ser líderes valientes, pero demasiados esposos terminan recluidos en una cueva de pasividad en lugar de avanzar con valentía hacia lo desconocido. Hablo por experiencia; mi esposo se quedó en su cueva por varios años. Si una esposa cuestiona a un hombre por cada decisión que toma, lo critica en lugar de alentarlo y lo trata como a un niño, por lo general ese hombre se alejará del rol de líder y dejará que su esposa tome el volante. Cuando eso sucede, tienes un desastre en tus manos.

Como mujer soltera, tienes el gran poder de influir en una amiga, una compañera de trabajo, tu hermano o tu futuro esposo para animarlos a realizar una tarea específica, cuando les muestras aprecio por su iniciativa.

El aprecio de una esposa es eficaz para inspirar a su esposo a convertirse en el líder que Dios ha destinado que sea.

Si leyeras las páginas de mi diario personal, encontrarías que a menudo escribo estas palabras para empezar el día: "Mi objetivo hoy es alentar e infundir aliento a mi esposo". Puesto que sé que ambos libramos una batalla espiritual invisible, sé que vendrán ataques y tentaciones, y me preparo de antemano para hacerles frente. Antes de caer en la tentación de quejarme, rezongar o desahogar mis emociones, necesito estabilizar mi corazón para mostrar aprecio a mi esposo toda la vida.

¿Qué te sorprendió durante tu primer año de matrimonio?

Aunque parezca ingenuo, pensé que las parejas tenían intimidad física (no estoy segura de las palabras apropiadas para usar aquí, pero creo que entiendes la idea) *todas las noches.* Quiero decir, para eso es la cama matrimonial, ¿verdad? Y prefieres hacer eso que dormir, ¿no es cierto? Estaba equivocada. En la tercera noche de nuestra luna de miel, LeRoy estaba tan cansado que apenas me dio el beso de las buenas noches antes de ponerse a roncar. Y me rompió el corazón. Me sentí desconsolada. Inmediatamente pensé: *No me ama. No se deleita en mí. Prefiere dormir que hacer el amor conmigo.* Es cierto que algunos días prefiere dormir, pero solo porque está completamente exhausto, no porque no disfrute de nuestra intimidad o no me ame.

HEIDI BAIRD (CASADA DESDE 1982)

¿De qué manera práctica puedo desarrollar una relación fuerte con Dios siendo soltera?

El otro día, mi hija menor, Sue, me animó a hacer una de esas pruebas de personalidad. No fue sorpresa que yo obtuviera un puntaje de 99,9% extrovertida. Sí, soy una de esas personas muy molestas que se despierta como si todos los días fuera Navidad.

Siempre me han entusiasmado la vida y las aventuras, pero lamentablemente, cuando era soltera, la vida se centraba más en mí que en Dios. A los diecisiete años, esta 99,9% extrovertida se despertaba para tener un tiempo devocional con Dios cada mañana, pero le costaba quedarse quieta por más de cinco minutos. Mi mente divagaba hacia mis planes para el día o una conversación reciente que había tenido con mi novio. Me distraía mucho y no podía mantenerme concentrada en mi tiempo de devocional. Pedía perdón a Dios unas veinte veces por distraerme y luego comenzaba de nuevo.

Nada cambió hasta que mi sabia mentora, la señora Walker, me hizo una pregunta reveladora: "Heidi —dijo suavemente—, ¿cómo puedes tener una relación íntima con alguien que ni siquiera conoces?".

¡Ay! Tenía razón. La verdad es que no *conocía* a Dios. Tristemente, lo sentía distante y me parecía aburrido. No tenía problemas para pasar tiempo con mi novio. Me interesaban sus ideas y era divertido estar con él. Podíamos hablar durante horas y mi mente no divagaba. Quería aprender a amar a Dios de la misma manera.

Por fortuna, la señora Walker me enseñó a hacerlo. He aquí tres hábitos transformadores que la señora Walker me animó a poner en práctica cuando era joven:

1. ME LEVANTABA TEMPRANO CADA MAÑANA CON MI BIBLIA Y UN CUADERNO EN MANO, LUEGO ME SENTABA EN MI

VESTIDOR (EL LUGAR CON MENOS DISTRACCIONES) Y ESCRIBÍA LA MAYOR CANTIDAD DE CUALIDADES QUE CONOZCO SOBRE DIOS (DIOS ES PACIENTE, DIOS ES MISERICORDIOSO, DIOS ES SANTO, ETC.).

2. A CONTINUACIÓN, ORABA Y PEDÍA A DIOS QUE ME AYUDARA A CONOCERLO DE UNA MANERA MÁS PROFUNDA E ÍNTIMA ("ACERCAOS A DIOS, Y ÉL SE ACERCARÁ A VOSOTROS", SANTIAGO 4:8).
3. AL FINAL, ESCOGÍA DE MI LISTA UNA CUALIDAD DE DIOS Y BUSCABA VERSÍCULOS QUE ME AYUDARAN A COMPRENDER MEJOR ESA CUALIDAD PARTICULAR. LUEGO MEDITABA A LO LARGO DEL DÍA EN UNO O DOS DE ESOS VERSÍCULOS.

¡Después de varias semanas de hacer eso, estar en mi vestidor se volvió emocionante para mí! Por primera vez en mi vida, estaba experimentando la relación maravillosa, increíble e íntima con mi Padre que tanto había anhelado.

Si no estás segura de cómo desarrollar una relación profunda con Dios, te animo a que pruebes lo que la señora Walker me animó a hacer hace muchos años. Toma tu Biblia, un cuaderno y un bolígrafo, y acomódate en un lugar tranquilo y comienza a escribir la mayor cantidad de cualidades de Dios que se te ocurran. Luego medita en una de ellas cada día. Busca versículos que te den mayor comprensión. Pasa tiempo agradeciendo a Dios por lo que Él es.

Te animo a practicar esto cada mañana durante las próximas semanas. Como ocurrió en mí, apuesto a que verás una transformación en tu tiempo de devocional y en tu amor por el Señor.

¿Qué te sorprendió durante tu primer año de matrimonio?

Después que mi esposo y yo regresamos de nuestro viaje de luna de miel y tratábamos de adaptarnos a nuestra nueva vida juntos, descubrí que le gustaba estar en la cama a las nueve de la noche. Para mí, que soy un búho nocturno acostumbrado a acostarse después de la medianoche, eso me sorprendió. Me encantaban las conversaciones íntimas y sinceras hasta altas horas de la noche. Entonces, como cualquier pareja de recién casados, hicimos concesiones. Yo me acostaría temprano con él, pero él se quedaría despierto el tiempo suficiente para tener algunas conversaciones sinceras conmigo. Me parecía justo.

Eso funcionó bien hasta una noche cuando le estaba contando mis pensamientos más profundos y sinceros, lo miré ¡y tenía los ojos cerrados! Se había dormido. Estaba profundamente dormido y roncaba. *¿Qué? ¿Cómo pudo?* Pronto descubrí que mi dulce esposo solo tenía unos quince minutos para escucharme antes de quedarse dormido. Llegué a la conclusión de que tendría que aprender a hablar más rápido.

BARBARA RAINEY (CASADA DESDE 1972)

¿Qué habilidades prácticas para el hogar sería útil desarrollar ahora que soy soltera?

Cuando mis hijos tenían cinco años o menos, éramos amigos de una viuda muy enérgica de nuestra pequeña iglesia. Un día, después de haber estado en su casa, mi hijo pequeño me dijo: "Mami, me gusta ir a la casa de la señora Kitty".

—¿Por qué? —le pregunté.

—Por el calor —respondió con franqueza.

Sabía que no se refería a la temperatura, sino a algo más intangible. Mi pensamiento inmediato fue: *¿Mi hogar es cálido para quienes nos visitan?* Mi pequeño Benjamín sintió la cálida bienvenida de esta mujer viuda, su amable aceptación de los niños revoltosos, su interés en nuestra familia y su corazón de bondad y amor hacia todo el que cruzara su umbral.

Hacer los quehaceres domésticos es el arte de hacer de una casa un hogar. No es dominio exclusivo de las mujeres casadas que tienen una casa llena de regalos de boda con los cuales servir y agasajar a otros. No depende de talentos para la cocina o la decoración perfectamente desarrollados.

Hacer los quehaceres domésticos es el arte de hacer de una casa un hogar.

Ante todo, una casa se convierte en un hogar cuando las personas entran a vivir allí; pero como mi pequeño hijo entendió, no es solo un lugar habitado por personas. La primera casa de mi hija soltera era un pequeño bungaló remodelado hacía poco, donde habían vivido un joven drogadicto y su perro. Nadie describiría esa vivienda como un hogar cálido.

Por lo tanto, mientras disfrutas de estos años como mujer soltera, y oro que así sea, usa tu apartamento, bungaló alquilado o casa compartida para invitar a amigos y familiares a comer, hacer estudios bíblicos y celebraciones navideñas.

Sin embargo, lo más importante, ¿puedo animarte a que aprendas la habilidad número uno para el hogar? Es la habilidad de entregar tu corazón a Jesús todos los días. Nuestra amiga, la señora Kitty, vivía una vida de entrega a Jesús. Era la presencia de Jesús en ella la que nos saludaba cada vez que íbamos a su casa.

Abundan las clases de cocina y decoración. Puedes tomar una o más en cualquier momento y en cualquier lugar, pero crear un hogar cálido que aun los niños pequeños perciban se logra solo cuando tu corazón está totalmente consagrado a Él.

¿Qué te sorprendió durante tu primer año de matrimonio?

Sinceramente, muchas cosas me sorprendieron durante el primer año, pero una de las primeras fue la diferencia de opinión que teníamos sobre el gasto de nuestros limitados ingresos combinados. ¡Me sorprendió que pensara que estaba perfectamente bien comprar más artículos de pesca cuando teníamos nuestros libros y muchas otras cosas almacenadas en tablas de madera entre bloques de hormigón! El hecho de que a él le pareciera perfectamente aceptable y buena nuestra solución temporal de arreglarnos sin muebles durante meses o años me dejó perpleja.

Fue un choque de valores. Además, fue el comienzo de décadas de fusionar nuestra escala de valores mediante conversaciones interminables que nos ayudaran a comprender por qué sus pasatiempos eran importantes para él y por qué tener muebles donde almacenar nuestras cosas era importante para mí.

No dejes de aprender

Ambas esperamos que la sabiduría, la guía y el consejo de estas cuatro mujeres piadosas sean de tanta inspiración como lo fueron para nosotras. Esperamos que lo que estas mujeres han revelado te haya desafiado y motivado. Como jóvenes, podemos aprender mucho de las mujeres mayores que nos rodean. El plan de Dios en Tito 2 es brillante.

> Aprovecha la infinita sabiduría y consejos que te ofrecen las mujeres piadosas que te rodean.

No intentes descubrir todo sobre la soltería, el romance, las relaciones y el matrimonio por tu cuenta. Aprovecha la infinita sabiduría y consejos que te ofrecen las mujeres piadosas que te rodean. Comunícate con ellas y pídeles que te enseñen lo que saben. Comienza por hacerles las mismas preguntas que hicimos a Yvonne, Kim, Heidi y Barbara. Luego hazles tus propias preguntas. Si no conoces personalmente a ninguna mujer piadosa, trata de leer lo que han escrito mujeres piadosas. Para empezar, Kim Wagner y Barbara Rainey tienen maravillosos libros publicados que puedes encontrar en línea y en librerías. No dejes pasar esta oportunidad increíble e invaluable. Te sorprenderá lo mucho que hay por aprender.

CAPÍTULO 17

GUÍA DE ESTUDIO

"No intentes descubrir todo sobre la soltería, el romance, las relaciones y el matrimonio por tu cuenta. Aprovecha la infinita sabiduría y consejos que te ofrecen las mujeres piadosas que te rodean".

1. Describe un momento de tu vida cuando tomaste una mala decisión por inmadurez (por ejemplo, asustar a las vacas).

____

____

____

2. Encierra en un círculo lo que las mujeres mayores están llamadas a enseñar a las más jóvenes en Tito 2:3-4: "Las ancianas asimismo sean reverentes en su porte; no calumniadoras, no esclavas del vino, maestras del bien; que enseñen a las mujeres jóvenes a amar a sus maridos y a sus hijos".

____

____

____

¿Qué valor ves en aprender de las mujeres mayores?

____

____

____

3. ¿Cuál fue la mejor lección que aprendiste del consejo de cada mujer?

   Yvonne Welch: ____________________________________

   ____

   ____

   ____

   Kimberly Wagner: __________________________________

   ____

   ____

   ____

   Heidi Baird: ______________________________________

   ____

   ____

   ____

   Barbara Rainey: ___________________________________

   ____

   ____

   ____

4. Anota dos formas en las que tu vida se beneficiaría específicamente de tener una mentora.

____

____

HAZLO *personal*

¿Hay en tu comunidad una mujer mayor conforme a la mujer descrita en Tito 2 que podría ser tu mentora? Considera seriamente acercarte a ella para pedirle que te discipule.

18. UNA HISTORIA DE AMOR POR LA QUE VALE LA PENA LUCHAR

Era una cálida noche de verano, y nos estábamos preparando para ir a la ciudad a celebrar una divertida cena de hermanas. Kristen iba a casarse con Zack en pocas semanas, y queríamos disfrutar de nuestros últimos momentos de "hermanas solteras". Ambas sabíamos que nuestras vidas estaban a punto de cambiar de manera radical (y, a la vez, emocionante).

Mientras íbamos por la carretera, comenzamos a recordar momentos favoritos de hermanas. Hablamos de todo, desde nuestros flechazos del pasado hasta nuestra loca aventura de asustar a las vacas, el hilarante y vergonzoso incidente de la maniobra de NASCAR y el escándalo de Bethany cuando le lanzó un zapato a un muchacho.

Cuanto más hablábamos, más notábamos un tema recurrente en nuestra conversación. El tema de los muchachos, el amor y el romance formaron gran parte de nuestro pasado. Aunque era fácil recordar anécdotas y reír ahora, ambas sabíamos la realidad de lo difícil que había sido. Ambas recordamos claramente lo difícil que fueron esos años de la adolescencia. Esforzarse por la pureza y tratar de aceptar el diseño de Dios para el amor no había sido un paseo por el parque. Hubo momentos cuando nos preguntamos si los caminos de Dios realmente eran los mejores. Hubo momentos cuando nos sentimos completamente solas en nuestra búsqueda del diseño de Dios para la pureza. Y hubo momentos cuando llegamos a cuestionar si todavía existían hombres con visión, pasión y propósito (felizmente, Zack nos demostró que sí).

A pesar de nuestras dificultades y preguntas, ambas creíamos que valía la pena luchar por los caminos de Dios. A medida que pasaba el tiempo, comenzamos a experimentar la bendición y la alegría de vivir para su gloria, y creemos que valió la pena. Con la inminente boda de Kristen, vimos de primera mano la belleza de buscar una relación de acuerdo con el excelente diseño de Dios. Habíamos visto los beneficios de aceptar la pureza. Habíamos visto la alegría que proviene de centrar la relación amorosa en Cristo y hacer de su gloria el objetivo.

A pesar de nuestras dificultades y preguntas, ambas creíamos que valía la pena luchar por los caminos de Dios.

Y, aunque yo (Bethany) era soltera en ese momento, estaba segura de que los caminos de Dios eran mejores. Estaba convencida de que las relaciones amorosas conforme al diseño de Dios eran el mejor camino a seguir. Ver a Kristen acercarse alegremente al día de su boda me aseguró que valía la pena perseguir el amor definido por Dios.

Lucha por el amor definido por Dios

Seamos realistas por un minuto. Aceptar el diseño de Dios para el verdadero amor no es fácil. Es absolutamente contracultural. Se requiere de muchas agallas, sentido común, gracia y oración para vivir lo que hemos escrito en este libro. Gracias al Señor, con su fortaleza, podemos salir victoriosas.

"JEHOVÁ ES MI FORTALEZA Y MI ESCUDO; EN ÉL CONFIÓ MI CORAZÓN, Y FUI AYUDADO, POR LO QUE SE GOZÓ MI CORAZÓN, Y CON MI CÁNTICO LE ALABARÉ. JEHOVÁ ES LA FORTALEZA DE SU PUEBLO, Y EL REFUGIO SALVADOR DE SU UNGIDO" (SALMOS 28:7-8).

Cuando se trata del diseño de Dios para el amor, ambas nos hemos sentido muchas veces como peces solitarios en un gran océano. Parece que la mayoría de las personas nadan en una dirección y nosotras nadamos en otra. En momentos así, puede ser difícil mantener el rumbo y nadar contra la corriente. Para ayudarnos a mantener el rumbo, hemos necesitado recordatorios constantes de la visión completa de Dios. Hemos necesitado recordatorios de *por qué* aceptamos el diseño de Dios para el amor, el matrimonio y el sexo. Hemos necesitado recordatorios de a *Quién* debemos glorificar con nuestras vidas. Cuanto más nos hemos centrado en la verdad de Dios, más fácil ha sido permanecer firmes.

Te animamos a hacer lo mismo. Cuando aceptas el diseño de Dios, muchas veces podrías sentir que eres la única que lo hace. A veces todas estarán nadando contra la verdad de Dios, y tendrás que tomar la difícil decisión de nadar contra la corriente. Aunque todas a tu alrededor abandonen la pureza, Dios te dará fuerzas para mantenerte firme. Aunque todas tus amigas tengan relaciones sexuales antes del matrimonio, entenderás el valor de reservarlo para el matrimonio. Aunque las mujeres a tu alrededor se casen con no creyentes, comprenderás la importancia de esperar un hombre cristiano.

Cuanto más nos hemos centrado en la verdad de Dios, más fácil ha sido permanecer firmes.

Gálatas 6:8-9 nos recuerda la visión completa: "Porque el que siembra para su carne, de la carne segará corrupción; mas el que siembra para el Espíritu, del Espíritu segará vida eterna. No nos cansemos, pues, de hacer bien; porque a su tiempo segaremos, si no desmayamos". Centrarse en la visión completa de Dios te ayudará a mantenerte firme y a nadar contra la corriente cultural. Y cuando caigas en debilidades y pecado, recuerda que tienes un Padre celestial que te ama y cuida profundamente de ti. Su gracia es suficiente para todas tus debilidades. Su perdón está disponible para aquellos que confiesan sus pecados (ver 1 Juan 1:9). Que las palabras del Salmo 86:5 sean una fuente constante de aliento para ti, como lo es para nosotras: "Porque tú, Señor, eres bueno y perdonador, y grande en misericordia para con todos los que te invocan".

El reto del amor definido por Dios

A lo largo de este libro, has aprendido algunas verdades increíbles. Has adquirido conocimiento y aprendido cómo es el amor definido por Dios. Sin embargo, el conocimiento por sí solo no es suficiente. Si no pones en práctica las verdades aprendidas, tu vida no cambiará. Tus relaciones no serán diferentes. Tu vida amorosa no se basará en el diseño eterno de Dios.

Queremos retarte personalmente a poner en práctica las verdades de este libro. Si estás lista para adoptar el diseño espectacular de Dios, esperamos que aceptes este reto del amor definido por Dios. Lee el siguiente reto y marca todas las casillas de aquello a lo que te comprometes.

Confía tu historia de amor a Dios

Yo (Bethany) siempre soñé con casarme joven, pero Dios obviamente tenía planes diferentes para mi vida. Cuando no había ninguna perspectiva en el horizonte, yo seguía confiando en Dios en esta área. Me esforcé por servir fielmente a Dios sin importar cuál fuera mi condición. Yo (Kristen) siempre había soñado con

EL RETO DEL AMOR DEFINIDO POR DIOS

Me comprometo a ser una mujer que se esfuerza por:

- ☐ Rechazar con valentía las mentiras de la fachada del cuento de hadas y, en cambio, buscar la verdad en la Palabra de Dios.
- ☐ Saltar audazmente del carrusel y, en cambio, buscar el amor de acuerdo con el método eterno de Dios para las relaciones duraderas.
- ☐ Aceptar por completo el espectacular diseño de Dios para el amor, el matrimonio y el sexo.
- ☐ Proponerme vivir la feminidad bíblica en mis relaciones amorosas.
- ☐ Desarrollar amistades que honren a Dios con los muchachos que me rodean.
- ☐ Buscar relaciones amorosas con una actitud deliberada, oración, sabios consejos y rendición de cuentas.
- ☐ Construir mis relaciones amorosas sobre una base de pureza y santidad.
- ☐ Seguir los cinco pasos para desarrollar confianza en mi soltería.
- ☐ Tomar medidas prácticas para florecer como mujer soltera y servir a quienes me rodean.
- ☐ Buscar el consejo y la sabiduría de mujeres piadosas mayores para continuar aprendiendo más sobre el amor definido por Dios.

Oramos para que nos acompañes a vivir con valentía el reto del amor definido por Dios. No estás sola en esta lucha. Vincúlate al grupo de miles de mujeres que luchan por lo mismo. Puedes encontrar un apoyo increíble a través de nuestra hermandad en línea en GirlDefined.com (solo disponible en inglés) o en avivanuestroscorazones.com.

tener una casa llena de niños poco después del matrimonio, pero hasta el día de hoy no hay niños a la vista. Evidentemente, Dios tiene un plan muy diferente para mi vida. Si hay algo que ambas hemos aprendido, es esto: los planes de Dios a menudo son diferentes a los nuestros. Como señala Proverbios 16:9: "El corazón del hombre piensa su camino; mas Jehová endereza sus pasos".

Ya sea que todavía seas una adolescente, tengas veinte años o más, el Señor llevará a cabo *su* buen plan en tu vida. Sea como sea que se desarrolle tu futuro, aún puedes confiar en el plan de Dios. Si el matrimonio es parte del plan de Dios para tu futuro, puedes estar segura de que el tiempo de Dios es perfecto. Puedes confiarle los detalles de tu historia. Ya sea que estés soltera por una etapa corta, una etapa larga o durante toda tu vida, tu llamado no cambia. Tu vocación es confiar en Dios y servirle fielmente. Ahora mismo. Sea cual sea tu condición.

Para ayudarte a confiar tu vida y tu futuro a Dios, queremos dejarte una poderosa oración de entrega, esperanza y confianza. Esta oración ha sido un lema habitual en nuestras propias vidas. Te animamos a que te apropies de ella.

Querido Padre celestial:

Gracias por enseñarme sobre tu increíble diseño para el amor, las relaciones amorosas y el matrimonio. Estoy muy agradecida por tu Palabra y la sabiduría que aporta a mi vida. Te ruego que me des el valor para aceptar y vivir tu plan para el amor centrado en Cristo. Ayúdame a honrarte y glorificarte en mis relaciones amorosas. Ayúdame a confiar en ti durante mi etapa de soltería. Por favor, dame la fuerza para esperar con paciencia tu momento indicado en mi vida. Eres un Padre bueno. Te entrego mis planes y sueños. Gracias por tu fiel amor por mí. Que mi vida sea una ofrenda de alabanza y adoración a ti. Amén.

¡Te felicitamos! Aceptar el plan de Dios para el amor no es fácil, pero sin duda vale la pena. Nunca te arrepentirás de haber decidido hacer las cosas a la manera de Dios.

Que nunca te canses de nadar contra la corriente cultural. Que nunca te canses de glorificar a Dios en tus relaciones amorosas. Que nunca pierdas de vista la necesidad de buscar la pureza. Que nunca dejes de crecer en tu comprensión del amor centrado en Cristo. Al aceptar el hermoso diseño de Dios para el amor verdadero, el romance y las relaciones duraderas, que tu vida sea un faro de esperanza en nuestro mundo perdido y roto. Que la belleza del amor de Cristo brille a través de ti mientras persigues con valentía el amor definido por Dios.

CAPÍTULO 18

GUÍA DE ESTUDIO

"Aceptar el plan de Dios para el amor no es fácil, pero sin duda vale la pena. Nunca te arrepentirás de haber decidido hacer las cosas a la manera de Dios".

1. ¿Cómo ha cambiado este libro tu visión del amor y del romance?

___

___

___

2. ¿Cómo cambiarán tus futuras relaciones amorosas como resultado de leer este libro?

___

___

___

3. ¿De qué manera ha crecido tu comprensión de Dios al aprender más sobre su visión completa para el amor, el matrimonio y el sexo?

___

___

___

___

4. Aceptar el amor definido por Dios no será fácil. ¿Cómo te alienta el Salmo 28:7-8 en esto? "Jehová es mi fortaleza y mi escudo; en él confió mi corazón, y fui ayudado, por lo que se gozó mi corazón, y con mi cántico le alabaré. Jehová es la fortaleza de su pueblo, y el refugio salvador de su ungido".

    ____

    ____

    ____

    ____

5. Si te has beneficiado de la sabiduría de este libro, no lo guardes para ti. ¿Tienes alguna amiga que se podría beneficiar del mensaje del amor definido por Dios? Si es así, te motivamos a que hagas una de las siguientes cosas:

    - consíguele un ejemplar de este libro y coméntale cómo te ha inspirado o
    - invítala a leerlo contigo y dialogar sobre el libro juntas.

HAZLO *personal*

¿Estás comprometida a ser una mujer que acepte los diez puntos del reto del amor definido por Dios? Si es así, te invitamos a unirte a nosotras y a firmar tu nombre a continuación.

____

Apéndice A

ENCUENTRA LA LIBERTAD Y EL PERDÓN DEL PECADO SEXUAL PASADO

El pecado sexual pasado puede ser una carga muy dura de llevar. Puede ser abrumador. Incluso devastador. Cuando el pecado sexual no se trata conforme a los parámetros bíblicos, a menudo afectará nuestra forma de ver nuestra identidad. El pecado que no enfrentamos logra engañarnos para creer que ya no valemos nada. Que no tenemos perdón. Que estamos completamente destruidas, pero eso no es cierto.

Queremos que sepas que tu Creador te ama y te valora, sea cual sea tu pasado. Sí, a Dios le aflige nuestro pecado y nos llama al arrepentimiento, pero eso no cambia su amor supremo por nosotras. Tu valor no lo define lo que has hecho o lo que otros te han hecho. Tu valor lo define solo Dios. Y, gracias a Él, tienes un valor inconmensurable. Tienes una importancia intrínseca porque estás hecha a la imagen de Dios (ver Génesis 1:26). Aun cuando estabas dentro del útero de tu madre, Dios te estaba formando para hacer realidad tu existencia (ver Salmos 139:13-15).

Una simple ilustración de nuestro valor inmutable a los ojos de

Dios se puede encontrar en un billete de cien dólares. Imagina que tienes un billete de cien dólares en la mano. Alguien se acerca a ti y te pregunta: "¿Cuánto vale ese billete?". Un poco confundida, respondes: "Vale cien dólares". Luego, la persona te quita el billete y lo estruja con sus manos. Una vez que el billete está bien arrugado, lo deja caer al suelo, lo pisotea y lo muele en el suelo. Luego, lo estruja aún más con sus manos sudorosas. Luego te devuelve el billete estrujado, sucio y ligeramente húmedo. Con algo de vacilación, te acercas y lo tomas. "Ábrelo", te anima. Lentamente, despliegas y alisas el billete maltratado. Al tenerlo nuevamente en tus manos, te das cuenta de que se ve diferente. Tiene algunas marcas negras. Está arrugado. Incluso tiene una pequeña rasgadura. "¿Cuánto vale ahora?", te pregunta la persona con atención. Tus ojos se fijan lentamente en los suyos. Después de unos momentos de reflexión, le dices: "Sigue valiendo cien dólares".

Ninguna cantidad de manchas o suciedad cambiará el valor de un billete de cien dólares. Con nosotras sucede exactamente lo mismo a los ojos de Dios. Sea cual sea nuestro pecado sexual pasado o los pecados sexuales que han cometido contra nosotras, nuestro valor no cambia. El pecado puede producir algunos pliegues, arrugas y lágrimas en nuestras vidas, pero no cambiará nuestro valor.

Si creíste la mentira de que eres "menos" por tu pasado, no la creas más. Pon tu esperanza y confianza en el Dios que te ama y declara que eres valiosa para Él. El amor de Dios por nosotras es totalmente extraordinaria, porque no se basa en nada que nosotras podamos hacer, sino únicamente en lo que Cristo ha hecho por nosotras: "Mas Dios muestra su amor para con nosotros, en que siendo aún pecadores, Cristo murió por nosotros" (Romanos 5:8). Jesús murió porque somos mujeres pecadoras, no porque somos mujeres cristianas perfectas. Necesitamos un Salvador. Necesitamos el perdón y la libertad que solo pueden venir a través de Jesucristo. Gálatas 5:1 nos exhorta: "Estad, pues, firmes en la libertad con que Cristo nos hizo libres, y no estéis otra vez sujetos al yugo de esclavitud". Cristo murió para que pudiéramos ser *libres* de nuestro pecado. Ya no somos esclavas. Sin importar cuán fea, sucia o avergonzada te sientas por tu pecado sexual pasado, puedes encontrar la libertad a través de Jesucristo. Y eso puede comenzar hoy. Ya mismo.

Antes de leer la siguiente sección, detente un momento para meditar y orar. Dedica unos minutos a alabar a Dios por enviar a su Hijo Jesús a morir en la cruz por tus pecados (ver Juan 3:16). Alaba Dios por el valor que solo Él te ha dado. Alaba el nombre de Jesús por el poder que Él puede darte para caminar en libertad, verdad y luz.

Es hora de poner tus cargas al pie de la cruz. Queremos guiarte en algunos pasos prácticos para ayudarte a gozar de libertad. Son pasos de acción bíblicos para experimentar libertad de la esclavitud del pecado. A medida que leas cada paso, tómate un momento para orar y actuar en consecuencia.

1. CONFIESA A DIOS TU PECADO SEXUAL PASADO Y PRESENTE
   El primer paso para ser libre del pecado es confesar en humildad tus pecados a Dios. Ora y confiesa verbalmente a Dios que has desobedecido su Palabra y has pecado contra Él. El Salmo 51 es un excelente pasaje de las Escrituras para meditar y orar y ayudarte a confesar el pecado. David escribió este salmo después de su pecado sexual con Betsabé. Permite que las palabras del Salmo 51 lleven tu corazón a Dios en arrepentimiento.

2. ACEPTA EL PERDÓN DE DIOS
   Una vez que hayas confesado tus pecados, acepta el perdón de Dios. Él promete darte perdón absoluto y total. Primera de Juan 1:9 dice: "Si confesamos nuestros pecados, él es fiel y justo para perdonar nuestros pecados, y limpiarnos de toda maldad". Dios es fiel y te limpiará de toda maldad si confiesas tus pecados a Él. ¡Qué promesa tan esperanzadora!

3. HAZ UN EXAMEN PROFUNDO

El pecado sexual muchas veces es consecuencia de otros pecados (descontento, falta de confianza en el plan de Dios, orgullo, ingratitud, rebelión, miedo, etc.). Examina tu corazón y tu vida y pregúntate: "¿En qué se descarrió mi corazón?".

Lee la siguiente lista y fíjate si alguna de estas cosas era cierta en tu vida cuando caíste en pecado sexual, o todavía lo es:

- ¿ESTABA EN REBELIÓN?
- ¿ERA MI RELACIÓN CON DIOS DÉBIL O INEXISTENTE?
- ¿COMPRENDÍA LAS ENSEÑANZAS DE DIOS SOBRE EL SEXO?
- ¿CEDÍ A LA PRESIÓN SOCIAL?
- ¿ELEGÍ A UN MUCHACHO IMPÍO?
- ¿TENÍA UNA RELACIÓN AMOROSA SECRETA?
- ¿NO FIJÉ LÍMITES MORALES?
- ¿ESTABA CONFUNDIDA SOBRE EL VERDADERO SIGNIFICADO DEL AMOR?
- ¿CEDÍ AL DESEO DE "SENTIR" QUE ALGUIEN ME AMABA?
- ¿LAS NOVELAS O PELÍCULAS ROMÁNTICAS ME TENTARON A SER SEXUALMENTE ACTIVA?

¿Alguna de las razones anteriores contribuyó a tu pecado sexual? Si es así, toma medidas en esa área. Al indagar un poco más hondo, estarás mejor preparada para atacar el pecado de frente y cortar de raíz esas tentaciones específicas.

4. PIDE A UNA MUJER PIADOSA QUE SEA TU MENTORA

Como no conocemos los pormenores de tus luchas personales, te animamos a hablar con una mujer piadosa mayor que pueda ayudarte a superar tus luchas. Toma la iniciativa de buscar a esa mujer y pídele que te guíe. Sé franca y sincera con ella. Pídele consejo y sabiduría de la Palabra de Dios.

5. LLENA TU MENTE DE LA VERDAD
El hecho de que estés leyendo este libro es una señal de que deseas aprender y crecer en tu comprensión del diseño de Dios para el amor, el matrimonio y el sexo. Llenar tu mente de la verdad es esencial para avanzar en fidelidad a Dios. Además de leer este libro, te recomiendo que adquieras alguno de estos libros, o todos:

El sexo y la chica soltera (por Juli Slattery)

Meet Mr. Smith: Revolutionize the Way You Think about Sex, Purity, and Romance (por Eric y Leslie Ludy)

Y la novia vestía de blanco: siete secretos para lograr la pureza sexual (por Dannah Gresh)

Sex Is Not the Problem, Lust Is (por Joshua Harris)

Finally Free: Fighting for Purity with the Power of Grace (por Heath Lambert)

Una sexualidad definida por Dios (por Kristen Clark y Bethany Beal)

Tienes acceso a la libertad y el perdón del pecado sexual a través del poder y la sangre de nuestro Salvador Jesucristo. En Él, tienes poder para caminar en la libertad y la plenitud que solo Él ofrece. Que las hermosas palabras de Isaías 61:3 inunden tu corazón y te recuerden que Dios es un Dios de restauración, que ha venido "a ordenar que a los afligidos de Sion se les dé gloria en lugar de ceniza, óleo de gozo en lugar de luto, manto de alegría en lugar del espíritu angustiado; y serán llamados árboles de justicia, plantío de Jehová, para gloria suya".

Apéndice B

50 PREGUNTAS PARA HACER AL PRINCIPIO DE LA RELACIÓN

PREGUNTAS GENERALES PARA HACER AL HOMBRE DE TU VIDA

- ¿Por qué quieres tener una relación conmigo?
- ¿Cuáles son para ti mis cualidades de carácter más fuertes?
- ¿Cuáles son para ti mis cualidades de carácter más débiles?
- ¿Cómo es tu visión de una familia feliz?
- ¿Qué te motiva y te emociona?
- ¿Cómo describirías una buena ética de trabajo?
- ¿Qué tan importante es la integridad para ti? ¿Por qué?
- ¿Cómo harás para mantener la pureza en nuestra relación?
- ¿Cuáles son tus puntos de vista personales sobre el alcohol?
- ¿Alguna vez has tenido alguna etapa de rebelión en tu vida? Si es así, ¿qué pasó?

- ¿Cuáles son tus puntos de vista sobre la política?
- ¿Cómo es una semana típica en tu vida?

PREGUNTAS ESPIRITUALES PARA HACER AL HOMBRE DE TU VIDA

- ¿Puedes explicarme el evangelio?
- ¿Qué tan importante es tu relación con Jesús?
- ¿Qué importancia tiene la oración en tu vida?
- ¿Cuál es tu opinión sobre la participación en la iglesia?
- ¿Cómo es tu tiempo devocional personal?
- ¿Cómo piensas liderar a tu familia espiritualmente?
- ¿Cuál es tu perspectiva sobre testificar del evangelio?
- ¿Acostumbras rendir cuentas de tu vida a otros? ¿Por qué sí o por qué no?
- ¿Cuáles son los últimos cinco libros de edificación espiritual que has leído?
- ¿Cuál es tu libro favorito de la Biblia y por qué?
- ¿Quién es tu héroe espiritual y por qué?

PREGUNTAS PARA HACERSE UNO AL OTRO

- ¿Cuál es tu testimonio?
- ¿Cuál es tu iglesia ideal para asistir?
- ¿Cuál es tu comprensión de la feminidad bíblica? Usa las Escrituras para expresar tu punto de vista.

- ¿Cuál es tu comprensión de la masculinidad bíblica? Usa las Escrituras para expresar tu punto de vista.
- ¿Tienes algún interés en servir voluntariamente en el ministerio? Si es así, ¿en qué área específica?
- ¿Qué tan importante es el entretenimiento en tu vida (por ejemplo, películas, televisión, videojuegos, redes sociales, etc.)?
- ¿Cuál es tu punto de vista sobre la salud y el ejercicio?
- ¿Cuál es tu perspectiva sobre las finanzas y las deudas?
- ¿Qué tipo de legado quieres dejar?

PREGUNTAS PARA HACER A QUIENES LO CONOCEN BIEN

- ¿Es un hombre que vale la pena conocer?
- ¿Qué precauciones o señales de alerta necesito saber sobre él?
- ¿Cómo es su reputación?
- ¿Puedes vernos formar un gran matrimonio?
- ¿Animarías a tu hija a conocerlo?

PREGUNTAS QUE NECESITAS RESPONDER TÚ MISMA

- ¿Por qué me gusta?
- ¿Me acerca más a Cristo?

- ¿Cómo trata a su madre y habla de ella?
- ¿Cómo trata a su padre y habla de él?
- ¿Cómo muestra amor a las personas más cercanas a él?
- ¿Es este un buen momento para que iniciemos una relación amorosa?
- ¿Qué me emociona más de él?
- ¿Qué revelan sus prioridades de su carácter?
- ¿Está seguro en Cristo o me "necesita" para ser feliz?
- ¿He pasado suficiente tiempo orando por él?
- ¿Qué piensan las personas más cercanas a mí sobre esta relación?
- ¿Qué reservas tienen mis padres y mentores?
- ¿Qué reservas o señales de alerta tengo yo?

"CREA EN MÍ, OH DIOS, UN CORAZÓN LIMPIO, Y RENUEVA UN ESPÍRITU RECTO DENTRO DE MÍ".

SALMOS 51:10

"POR LO DEMÁS, HERMANOS, TODO LO QUE ES VERDADERO, TODO LO HONESTO, TODO LO JUSTO, TODO LO PURO, TODO LO AMABLE, TODO LO QUE ES DE BUEN NOMBRE; SI HAY VIRTUD ALGUNA, SI ALGO DIGNO DE ALABANZA, EN ESTO PENSAD".

FILIPENSES 4:8

"SINO VESTÍOS DEL SEÑOR JESUCRISTO, Y NO PROVEÁIS PARA LOS DESEOS DE LA CARNE".

ROMANOS 13:14

"PUES LA VOLUNTAD DE DIOS ES VUESTRA SANTIFICACIÓN; QUE OS APARTÉIS DE FORNICACIÓN; QUE CADA UNO DE VOSOTROS SEPA TENER SU PROPIA ESPOSA EN SANTIDAD Y HONOR; NO EN PASIÓN DE CONCUPISCENCIA, COMO LOS GENTILES QUE NO CONOCEN A DIOS".

1 TESALONICENSES 4:3-5

Reconocimientos

Cuando vimos el correo electrónico de Baker Publishing donde nos pedían que escribiéramos un segundo libro (este libro), casi nos caímos del sofá de la emoción. Escribir un libro siempre fue un sueño para nosotras, pero nunca imaginamos que Dios abriría la puerta para otro. ¡Y aquí estamos! Como siempre, este proyecto no hubiera sido posible sin las personas increíbles que nos rodean y el impresionante Dios al que servimos. Acompáñanos a aplaudir a quienes hicieron posible este libro.

Dios... gracias por darnos la Biblia, nuestra fuente suprema de verdad, nuestro mayor recurso y la base de este libro. Gracias por darnos a tu Hijo, nuestro Salvador, la razón por la cual tenemos esperanza, propósito y alegría en esta tierra.

Papá y mamá... nuestros seguidores de toda la vida y nuestros mayores admiradores. Gracias por su continuo apoyo, fe, interés y entusiasmo. ¡Su constante aliento nos ayuda a seguir adelante!

Zack... nuestro hombre polifacético. Tu disposición a desempeñar tantos roles diferentes nos ha bendecido de muchas maneras. Desde hacer ediciones nocturnas, traernos helados, hasta mantener encaminado nuestro ministerio. Has sido asesor, experto en tecnología y mucho más. Estamos agradecidas por toda tu ayuda y apoyo.

Stephen, Ellissa, Timothy, Rebekah y Suzanna... ustedes son lo máximo. ¡Si pudiéramos jugar al "juego de las palmas" para celebrar con ustedes, lo haríamos! Gracias por amarnos, alentarnos y completarnos durante este proyecto. ¡Todos ustedes son fantásticos!

Michael, Jamie, Hadley y Willa... Sus constantes oraciones y estímulo no tienen precio. Nos encantaron las visitas espontáneas para abrazarnos con Hadley y Willa. Siempre nos dio ese impulso extra que necesitábamos.

Michael, Carole, Jacqueline, Max, Bri y Caden... gracias por estar siempre a nuestro lado durante el proyecto de este libro. Sus oraciones, palabras de aliento e interés general en nuestro libro son siempre de gran estímulo para nosotras. ¡Gracias por ser nuestra segunda familia!

Yvonne Welch, Barbara Rainey, Kimberly Wagner y Heidi Baird... gracias por ser mujeres modernas conforme a Tito 2 para nosotras y para la próxima generación. ¡Estamos agradecidas por sus palabras de sabiduría y su aporte para nuestro libro!

Equipo de oración del amor definido por Dios... sus oraciones fueron respondidas, y este libro es la prueba. Atesoramos a cada uno de ustedes.

Ancianos de Harvest Bible Chapel... gracias por revisar nuestro manuscrito y ofrecernos sabiduría y aportes centrados en Cristo.

Nicci Jordan Hubert... son un equipo de editores fabulosos. Gracias por seguir con nosotras y dedicar su tiempo y energía a nuestro libro. Sus ideas son absolutamente invaluables. Estamos agradecidas por ustedes.

Rebekah Guzman... Gracias por creer en nosotras nuevamente, y darnos la oportunidad de escribir otro libro. ¡No podemos agradecerte lo suficiente!

Baker Books... Su equipo es increíble. Nos ha encantado trabajar con cada persona de Baker. Gracias por trabajar con nosotras en la publicación de un segundo libro.

Amigas que nos apoyaron en el camino... Gracias por seguir con nosotras en este segundo libro. Ahora que está terminado, finalmente podremos ir a tomar una taza de café.

KRISTEN CLARK está casada con su mejor amigo, Zack, y es la cofundadora de GirlDefined Ministries. Le apasiona promover el mensaje de la feminidad bíblica a través de blogs, charlas, tutoría de mujeres jóvenes y estudios bíblicos en su sala de estar. A fin de cuentas, es solo una muchacha de Texas que ama la diversión, todas las actividades al aire libre y comer chocolate negro siempre que sea posible.

BETHANY BEAL está casada con su persona favorita en el mundo, Dāv. Es la cofundadora de GirlDefined Ministries y coautora de *Una chica definida por Dios* y *La sexualidad definida por Dios*. Le apasiona difundir la verdad de la feminidad bíblica a través de blogs, charlas y tutoría a mujeres jóvenes. Para su familia y amigos cercanos, ella es simplemente una muchacha alta y rubia a la que le gusta organizar noches de juego, le encantan los batidos de fruta y nunca se cansa de su perrito peludo.

EDITORIAL
PORTAVOZ

NUESTRA VISIÓN

Maximizar el efecto de recursos cristianos de calidad que transforman vidas.

NUESTRA MISIÓN

Desarrollar y distribuir productos de calidad —con integridad y excelencia—, desde una perspectiva bíblica y confiable, que animen a las personas a conocer y servir a Jesucristo.

NUESTROS VALORES

Nuestros valores se encuentran fundamentados en la Biblia, fuente de toda verdad para hoy y para siempre. Nosotros ponemos en práctica estas verdades bíblicas como fundamento para las decisiones, normas y productos de nuestra compañía.

Valoramos la excelencia y la calidad.
Valoramos la integridad y la confianza.
Valoramos el mérito y la dignidad de los individuos y las relaciones.
Valoramos el servicio.
Valoramos la administración de los recursos.